洋子さんの本棚

小川洋子
平松洋子

集英社文庫

目次

ここに、ふたりの少女がいる。
岡山で生まれ、子どもの頃《ころ》から本が好きで、
地元の高校を卒業後、十八歳で上京。

お出かけの日には、
母親が縫ったよそゆきの
ワンピースを着せられ、
天満屋《てんまや》の大食堂に出かけた。
お節句には、
満艦飾の具が載った
祭り寿司をほおばった。

子ども時代の記憶をひもとけば、
お互いに、まるで自分のことのようだと思う。
同世代で、同郷で、名前も同じ「洋子さん」。
いくつもの共通点のあるふたりは、
現在は、ものを書く仕事をしている。

少女から大人になるまでには
いくつもの踊り場がある。
無類の本好きだった彼女たちは、
いかに読み、
どんな本に背中を押されてきたのだろう。

洋子さんの本棚

第一章　少女時代の本棚

いやいやえん
点子ちゃんとアントン
ケストナー作
池田香代子 訳
ノンちゃん 雲に乗る
石井桃子
角川文庫
夜と霧
V・E・フランクル
みすず書房
岩波 世界児童文学集 25
トムは真夜中の庭で
岩波書店
アンネの日記
完全版
アンネ・フランク
深町眞理子 訳
文藝春秋
シャーロック・ホームズの冒険
アーサー・コナン・ドイル
第6位
にんじん
岩波文庫
はつ恋
ツルゲーネフ
新潮文庫

小川洋子の5冊

『トムは真夜中の庭で』 フィリパ・ピアス　高杉一郎訳
（『岩波世界児童文学集25』岩波書店　1993年）
真夜中に古時計が13も時を打つのを聞いたトムは、昼間はなかった庭園に誘いだされる。そこでヴィクトリア朝時代の不思議な少女ハティと友だちになり……。1958年発表。「時」をテーマにしたタイムファンタジーの古典。

『シャーロック・ホームズの冒険』
アーサー・コナン・ドイル　大久保康雄訳（ハヤカワ文庫　1981年）
史上最も有名な探偵ホームズと相棒ワトスンが織りなす冒険推理小説集。1892年発表。「赤毛連盟」「まだらの紐」などを収録した代表作。小川さんはベネディクト・カンバーバッチ主演の海外ドラマ『シャーロック』の大ファンでもある。

『にんじん』 ルナアル　岸田国士訳
（岩波文庫　1976年改版）
赤い髪とそばかすのため、母親に「にんじん」というあだ名をつけられ、家族から不当な扱いを受けている少年の日常。「明るく素直な子どもらしい子ども」ではなく、母親から愛されたいと願いながら葛藤する姿が描かれている。1894年発表。

『アンネの日記　完全版』 アンネ・フランク　深町眞理子訳
（文藝春秋　1994年）
「ユダヤ人狩り」を逃れ、アムステルダムの隠れ家での日々を綴ったユダヤ系ドイツ人少女アンネの、1942年6月12日から1944年8月1日までの2年余りに亘る日記。1947年にオランダ語版で発表され、1952年に日本語版が刊行された。

『はつ恋』 ツルゲーネフ　神西清訳
（新潮文庫　1987年改版）
16歳の少年ウラジミールは年上の美しい女性ジナイーダに恋心を抱く。大勢の取り巻きに囲まれ、少年を翻弄した彼女の様子がある日、一変する。ジナイーダが恋におちたのはウラジミールの父親だった。訳文の美しさも際立つ古典的名作。

平松洋子の5冊

『トムは真夜中の庭で』 フィリパ・ピアス　高杉一郎訳
（『岩波世界児童文学集25』岩波書店　1993年）
優れた児童文学作品に贈られるカーネギー賞受賞。この作品を忘れがたいものにしているのは対談でも語られるトムとバーソロミュー夫人の抱擁。時間とは何か。思い出とは何か。すべてが集約した名場面。

『点子ちゃんとアントン』 エーリヒ・ケストナー　池田香代子訳
（岩波少年文庫　2000年）
裕福な家庭で育った点子ちゃんと、母子家庭で、病気の母のため靴ひもを売って働いているアントン。異なる環境で育ったふたりの友情を描いた物語。『ふたりのロッテ』『飛ぶ教室』でも知られるドイツの詩人であり作家のケストナーの名作。

『ノンちゃん雲に乗る』 石井桃子
（角川文庫　1973年）
８歳のノンちゃんはあやまって木から落ちる。気がつくと雲の上。不思議なおじいさんに家族の話をするうちに彼女は大事なことに気づいていく。『ピーターラビット』シリーズ、『クマのプーさん』の翻訳者・石井桃子によるファンタジー。

『いやいやえん』 中川李枝子　大村百合子絵
（福音館書店　1962年）
いたずらっ子のしげるは何でも「いや」「いや」と言うばかり。ある日、嫌いなことはせずに好きなことだけすればいい「いやいやえん」に入れられてしまう。『ぐりとぐら』の作者でもある、中川李枝子、大村百合子姉妹によるデビュー作。

『夜と霧』 ヴィクトール・E・フランクル　霜山徳爾訳
（みすず書房　1985年新装版）
ユダヤ人精神科医である著者が強制収容所での体験を綴った。極限状態に置かれた人間の心理を学者ならではの観察眼で描写。過酷な運命にあってもなお奪えない生きることの意味、人間の尊厳とは何かを問いかけた名著。

●女の子は空想力で自分を救う

小川　ゆっくりお話しするのは初めてですね。ご出身は岡山の倉敷《くらしき》市でいらっしゃいますか。
平松　そうです。小川さんは岡山市のお生まれですか。
小川　はい。でも、倉敷市の玉島《たましま》にも十年ぐらい住んでいました。
平松　岡山ではおいくつまで過ごされたのですか。
小川　大学時代の四年間以外、ずっと岡山です。その後、結婚を機に倉敷に移りました。
平松　高校はどちらにいらしたのですか。
小川　岡山朝日高校です。平松さんはどちらですか。
平松　私はノートルダム清心でした。
小川　何だか懐かしい。
平松　懐かしい響きでしょう。
小川　渡辺和子《わたなべかずこ》さんが学長をされていた頃ですか。
平松　そうです。三十六歳という若さで大学の学長になられて、私が高校に入学したのは十年ほど後です。

小川　とても怖い先生だという話を耳にしたことがあります。

平松　謹厳でしたね。「シスター渡辺」とお呼びしていましたが、壇上に立たれると、ずっと「話す姿」になられた。高校生なんて落ち着きがなくなるものですが、当時からそれをさせない威厳がおありでした。私が人の話を聴くという行為を意識したのは、シスター渡辺が初めてでした。

小川　それはお幸せな体験ですね。

平松　ええ。髪をベールで包んだお姿の印象は、ずっとお変わりになりませんでした。眼鏡の奥の柔和な瞳に見透かされそうな、尊敬と畏怖《いふ》がないまぜになる印象もそのままです。

小川　今思い出しましたが、平松さんは『野蛮な読書』（集英社文庫）の中で、「性急に大人になることを強いられた者特有の匂《にお》い」を持った子どものことを書いていらっしゃいましたよね。確か開高健《かいこうたけし》さんの『戦場の博物誌』についての記述でしたが、渡辺和子さんも九歳で二・二六事件に遭遇し、当時、陸軍教育総監であったお父様の渡辺錠太郎《じょうたろう》氏が殺されるのを目撃している。渡辺さんもその一瞬で大人にならざるを得なかったのかもしれません。

平松　数多くの講話をうかがいましたが、シスター渡辺はそういうこともはっきりおっしゃるのです。目の前で起きたことに抗《あらが》うのではなく、どう受け止めるか。それを考え続けるのが、人生だとすれば、様々な出来事をひとつずつ受け入れる過程を通じて、人は大人になってゆく。しかしシスター渡辺は一気に引き受けられた――。

小川　ゆっくりと受け入れていくことが自然だし、望ましい形だと思います。時に回り道をしながら、いろいろなことを味わって成長していくのが幸せなあり方ですね。考えてみればアンネ・フランクも、それがかなわなかった少女だと思います。自分の力ではどうしようもない外圧の中で、生きなければならなかった。

平松　閉塞状況にいた彼女は書くことで自分を知り、育てていった。誰《だれ》もが本を読むことで自己を形成していきますが、アンネ・フランクは読むよりも書き続けることで自らを発見していったのではないかと思います。

小川　もしアンネが自由に学校に行ったり、図書館で本を借りたりできる状況だったら、あれほどまでに書くことにのめり込まなかったかもしれません。アンネは書くことが唯一、しかし絶対的な自由だということを証明してみせた。自分はなんてかわいそうなんだろうと、哀れみを求めたり、不満を吐き出すための日記ではないところが、彼女の才能ですね。

平松　書くことが人にもたらす自由と尊厳を証明したという意味で、日記というジャンルを超えた文学性を獲得したし、さらにはそれを十代の若さでやってのけた。

小川　何より、キティーという架空の人物を設定して書いたことが、単なる日記を超えて日記文学になった最大の要因でしょう。紙の上に自分を映し出すだけでなく、紙の向こうにいる誰かに向かって語って聞かせるということが重要だったと思います。

平松　キティーという人物は、文学たりうる有効な装置だったということでしょうか。

小川　はい。しかもそれを最初の日からやっている。

平松　書きたいという欲望があってキティーが生まれたのか、それとも、書く前からキティーはいたのか。

小川　もしかすると、アンネがもっと小さい時は、天井の裏にいるキティーに向かって、眠る前に語りかけていたかもしれませんね。

平松　ある対象に向かって生まれた言葉は、モノローグの場合よりも強度が得られることがあります。

小川　はい。だからこそ思春期特有の内面的な苦悩も、甘えを排した客観的な強度に支えられてこちらに伝わってくる。それればかりでなく、たとえば支援者を招待しての夕食会の喜びや、泥棒が侵入した夜の緊迫感、あるいは大量に手に入ったイチゴでジャムを作る心弾むひとときなど、人物観察から情景描写まで、実に鮮やかです。

平松　閉ざされた状況の中、総出でジャムを作る様子をキティーに伝えたい。語りたい、表現したい。その欲望は、相手がいればこそですね。

小川　ここにいない人に向かって、ここで起こっている出来事を伝える係が自分なのだと、アンネは考えた。日記でありながら、自分を主人公ではなく語り手にしたところが魅力だと思います。今回、少女時代に読んだ本を振り返ってみて、改めて「女の子は空想力で自分を救っている」と思いました。アンネもそうですし、『点子ちゃんとアントン』の点子ちゃんも自分は双子で、もうひとりの私がどこかにいると想像していた。そういう利発さは、女の子の美点ですね。

平松　物語の女の子が「わたし王女よ」と突然言ったりするのも女の子っぽい妄想で。

小川　女の子の利発さは抜け目のなさにつながることもあるけれど、そこがまたかわいい。対照的に、男の子の美点はしばしば、無邪気さや素直な優しさとして描かれますね。

平松　男の子は、今ある現実にどう対処し、乗り越えるかという役割を与えられることが多いですね。

小川　病気のお母さんを助けるために奮闘するアントンは、まさに現実と正面から向かい合っています。しかしながら、男の子が本来神様から授けられている無邪気さや、あふれんばかりの活気を奪われていると感じるのが『にんじん』の主人公です。

平松　母親から「にんじん」というあだ名をつけられ、不当な扱いを受ける少年には、作者のルナアル自身の体験が投影されている。ある意味悲惨で、救いようのない話なのに、ルナアルにかかると独特のズレが生み出されているのですが、小説家の視点でご覧になると、この書き方はどのように映るのでしょうか。

小川　嫌だ、悲しい、つらいという、にんじんの生の感情を、ルナアルは書いていません。常に客観的事実の中ににんじんを置いている。たとえばお父さんに「なにが一番欲しい。ラッパか、それともピストルか？」と訊《き》かれ、本当はラッパが欲しいのに、大人の顔色をうかがい、自分ぐらいの年齢の男の子はピストルを欲しがるだろうと、「ピストルのほうがいいや」と答える。でもお父さんが買ってきたお土産はラッパだった。ルナアルは、お母さんが戸棚のてっぺんに仕舞ってしまった鳴らないそのラッパを描写することで、にんじんの感情を伝えています。ここには、目に見えない感情を表現するための、言葉の可能性が示されていると感じます。

平松　にんじんの感情が書かれていないために、読者が救われ、逆に諧謔《かいぎやく》さえ生まれている。

小川　残酷さを突き抜けて、ある種のユーモアの域に達しています。それはルナアルが

平松　同情を求めていないからではないでしょうか。
小川　同情を求められたら読者はつらくなってしまう。
平松　『にんじん』では、児童文学としては少し衝撃的な、鳥を絞めたり、もぐらを石に叩きつけたり、猫を撃ち殺したりする場面が細部まで描写されています。でも、なんてかわいそうなんでしょう、という書き方はされていない。まるで理科の実験レポートのように冷静なんです。
小川　アンネともつながることだと思いますが、自分は誰それと比べてつらい目に遭っている、というように、幸か不幸か子どもは物事を相対化しづらい。その意味で、ある種の耐性を持たされるという側面があります。
平松　人と比べるだけの材料をあまり持っていませんものね。
小川　自分で自分を丸ごと受け入れるほかなくて、それは子どものひとつの強さと言っていい。そして『にんじん』に書かれているのは、そういう強さではないかと。ルナール自身がそれを熟知していたから、あのような書き方をした。でなければ、にんじんの感情をうっかり描写してしまったのではないでしょうか。
平松　にんじんの目に映ったことしか書かれていない、ということですね。
小川　にんじんの悲惨さが、逆に幼いながらに持っている強靭《きようじん》さを伝える。特別な物語だと思います。

●本との出会いが人間という生き物の謎《なぞ》を深める

小川　高校の時、思春期の、ちょうど初恋に破れる頃にタイトルにひかれて読んだら、とんでもない話だったというのが『はつ恋』です。

平松　十六歳のウラジミールが年上の令嬢ジナイーダに恋をし、彼女が自分の父親に鞭で打たれるのを目撃する。しかも彼女は、真っ赤になった鞭のあとに接吻する異様な初恋！

小川　今読み返してもまだ、自分が本当の意味をわかっているのかどうか、自信がない（笑）。それでも最初に読んだときの衝撃は心に残っています。令嬢が四人の青年をはべらせて、小さな花束でおでこをぽんぽん叩くというシーンなどにも、高校生ながらに、甘美な苦痛のようなものを感じ取ったのだと思います。

平松　倒錯とまではいかなくても、官能の深いところに宿るものを感じます。

小川　これに『はつ恋』などというタイトルをつけてはいけません（笑）。

平松　同感です（笑）。私が同じ頃に衝撃を受けたのは、父親の本棚で見つけた『夜と霧』。旧版でしたから、ぎょっとするような写真も載っていて、目が離せないと同時に強い拒否感を覚えました。

小川　それくらいの年齢には難しい内容ですね。
平松　大学時代に講義で読む機会が巡ってきましたが、十分理解できたとは言えず、その後もときどき読み返すことで、少しずつ理解を深めていった。これほど歳月を要したのは、おそらく最初に抵抗のある本として受け止めたことが影響していると思います。『はつ恋』もそうですが『夜と霧』も、一度でわかる本ではない。そういう点で、単純に〝良書〟と括りたくない気がします。
小川　子どもが『夜と霧』を開いて、骨と皮になった死体が薪《まき》のように積み上げられている写真を見たら、「見てはいけないものを見てしまった」と思うでしょうね。本とは、人間が見てはいけないもの、見たくないもの、なかったことにしたいものも、書かれている。そういう世界と出会わせてくれる。
平松　高校一年のとき『はつ恋』を読んで、主人公のお父さんが令嬢を鞭で打つシーンにぎょっとなって、ただ呆然。いまになってみると、本を読むことでそういう経験を積めたのは、本当に幸運だったと受け取れますね。
小川　いったい人間とはどういう生き物なのか。本との出会いがその謎をいっそう深める。自分が抱える暗闇の深さに、立ちすくんでしまう。そうかと思えば、一冊の本を通して時間と場所を自由に行き来できるのも人間です。
平松　小川さんも私も挙げた『トムは真夜中の庭で』の世界も豊かです。幻想的であり、

小川　冒険譚《たん》でもあり、哲学的なテーマも投げかけている。

平松　初恋の話でもありますね。

小川　あらゆる要素が濃密で緻密、傑出した物語だと思います。

私はこれと平松さんの『小鳥来る日』を並行して読んで、共通点を見つけました。『トムは真夜中の庭で』で、ハティという女の子が、温室の色つきガラス越しに外をのぞくと、色によって庭園がいろいろなふうに違って見える、と言う。でも、彼女が一番好きなのは、星の形が彫りこんである向こうが透けて見えないガラス、その見えないガラスの向こうにある庭園が一番好きだと言うんです。つまり、ないものを見るということを彼女はやっている。一方『小鳥来る日』で平松さんは、レース編みのすきまについて触れながら、「あるもの、ないもの。両方には同等の意味がある」と書いていらっしゃる。ないものを見る目を持ったハティだからこそ、時間の垣根を超えてトムと出会えたんだと思います。『トムは真夜中の庭で』の主人公はトムですが、主導権を握っているのはハティではないでしょうか。

平松　トムはかなり翻弄されていますよね。

小川　私の女の子・男の子理論から言ってもそうなのですが、トムのほうが無邪気にハティを追いかけています。でも最後にトムは、バーソロミュー夫人を、まるで彼女が小さな女の子であるかのように抱きしめる。トムが大人になったと感じられる場面です。

平松　あれは感動的なラストですね。トムは子どもだけれど、尊厳を持つ人間同士として夫人と向き合っている。自分自身との邂逅《かいこう》をも意味しています。ただ彼がそこまで成長するには、夜中パジャマのままふらふらと屋外に出て、ハティに翻弄されながら夢中で旅する時間が必要だった。

小川　危険をはらんだ、大人には内緒の冒険ですね。男の子は、こういう危険を体験したあと、急に成長する瞬間があります。トムの場合も、ハティと出会ったひと夏の経験が、彼の何かを劇的に変化させた。女の子は生まれながらの賢さによって一段一段大人になってゆくイメージがありますが、男の子は突然そうなるから驚くし、かわいく思えます。

平松　私が少女時代に、男の子はいいな、とうらやましかった本は、『怪人二十面相』です。「読者諸君」という呼びかけからして、ただならぬものを感じてしまって（笑）。

小川　自分ひとりに話しかけられているような気がしてきますね。『アンネの日記』でいうところのキティーに、自分がなったような。

平松　大人になってから読んでもそうですが、江戸川乱歩《えどがわらんぽ》が自分だけに秘密めいた手紙を差し出してくれているように思えてきます。

小川　しかもその手紙の内容が、健全とはいえない。人には見せられない秘密めいたものが隠されている。

平松　もし小林《こばやし》少年が少女だったら、あの趣も展開も全く異なる物語になっていたのでは。乱歩が作り上げたある種淫靡《いんび》な、有象無象がうごめく暗闇で起きる事件が、稚気のある小林少年の現実的な判断で解決されていく。それがとてもバランスがよくて、カタルシスをもたらす。やはり『怪人二十面相』の鍵は、明智小五郎《あけちこごろう》というより、少年だったのでは。

小川　淫靡と言えば、平松さんが『野蛮な読書』で書いていらした『忍ぶ川』の強烈な数行。「雪国ではね、寝るとき、なんにも着ないんだよ」というところですが、それを読んだ高校生の平松さんは、蒲団の中でこっそりパジャマを脱いで、試してごらんになったという。

平松　ちょっと試してみたくならないですか（笑）。

小川　いや、想像は巡らせると思いますが、実際やってみるかどうかは……（笑）。更に面白いのは、そのあと「いつまでもすうすうして寒いだけだからふたたびパジャマを着直すほかなく、なにに対してかはわからないけれど敗北感にまみれた」というご感想です。

平松　そのときは、ひとりでパジャマを脱いでも何の意味もないということに気がつきませんでした。でも、なんともばかばかしいことをしているということだけはわかりました（笑）。

小川　やはりそういうことは覚えておかないとだめですね。初々しい感性の時に、どんな奇妙な方向からその本に迫っていったか。

平松　ただその話を書くまで、自分がそんなことをしたなんて忘れていた。『忍ぶ川』を再読したときも忘れたままで、原稿を書いているとき突然思い出しました。

小川　不意に、よみがえったのですね。

平松　『野蛮な読書』の話で恐縮ですが、書きながら思い出すことが無数にあったことは発見であり、驚きでした。自分では何でもないと思っていた、すでに埋もれていたような記憶の断片が、書くことで姿を現す。

小川　よくわかります。テーマがあるエッセイを依頼された時、「何も書くことがない」と思っても、いざ書き始めてみると、どこからともなく、すうっとよみがえってくるものがある。今までどこに潜んでいたのかしらと思います。言葉を探すという行為が、眠っていた脳細胞を刺激するのでしょうか。

平松　ほんとうに不思議。しかも、その眠っていたものは、言葉の形をとっていたわけではない。

小川　方法としては言葉で探していくけれど、記憶の中では言葉以前の、もっと曖昧《あいまい》な状態でひっそり眠っている。そんな感覚です。

平松　『忍ぶ川』にまつわる話にしても、奥深くに眠っていた記憶に言葉を与えることで、自分という人間を認知していく。書くにしても読むにしても、言葉にはそういう自律機能が具《そな》わっている。

小川　確かにおっしゃるとおりですね。自分、という不可思議な存在の森に分け入っていく時、最も頼りになる案内人は言葉です。ところで『野蛮な読書』の連載は、取り上げる本をあらかじめ決めていらしたのですか。

平松　そうでもないのです。いまお話ししたような自分を再発見する作業は書く上での励みでしたし、予測できるものをなぞるのはつまらないと思ったので、できるだけ行き先が不明の書き方をしたいと思いました。

小川　まさに、本が本を連れてくる。言葉が森の奥へ奥へと平松さんを導く、という感じですね。

平松　はい。そのことを面白がりたい気持ちもありました。

小川　私は毎週一冊、本を紹介するラジオ番組をやっていて、リスナーの方が楽しめるよう、児童文学の次は大人向けの文学、バレンタインデーの頃なら恋愛小説と、バラエティーに富んだ本選びを心がけています。それなのに取り上げた本を並べてみると、思いがけないつながりが見えてくることが多いのです。

平松　具体的に挙げるとすると？

小川　アーノルド・ローベルの『ふたりはともだち』の次にアントニオ・タブッキの『インド夜想曲』。雰囲気はまったく違うのに、両方とも友達の話だった。あるいは、山本兼一《やまもとけんいち》さんの『利休にたずねよ』の少しあとに、伊丹十三《いたみじゅうぞう》さんの『女たちよ！』。この二冊を続けて読んで、「伊丹十三は利休だ」とひらめきました。美意識がかっちりあって、それに外れるものは絶対に許さないという部分で、このふたりはつながっている、と。

平松　わあ、今ちょっと戦慄《せんりつ》しました。

小川　書き手も読者も計り知れないところで、本同士が壮大な世界を作っている。そして、その一端に触れることがどんなに大きな喜びかということを感じます。

●言葉を探すことで自己を組み立て、発見する

平松　小川さんの『最果てアーケード』に百科事典を読む少女が出てきますが、私はまさにそういう子どもでした。昭和三十年代から四十年代の初めは、家庭に百科事典をそろえることがブームでしたから。

小川　はい、そうですね。

平松　「あ」から「ん」までずらっと並んだ応接間の百科事典を、箱から出して読んでいくのがとても好きでした。項の最初のあたりはひらがなだし、漢字にはふりがなも振ってあるので、意味は理解できなくても何となく読める。ページをめくるほど、自分が及びもつかない宇宙の中にこの私は存在していると感じて、読むという行為、本を手にするという行為がやめられなくなりました。

小川　自分の外の世界が果てしないという感じですね。

平松　果てしないという実感をどのように得るかは、人によって異なるだろうと思います。山に登って「何だろう、この景色は」と思うかもしれないし、船に乗って眺める水平線に感じるかもしれない。私は、本をめくってもめくっても言葉があるということに、果てしなさを抱いたのだと思います。

小川　そういう子どもの頃の体験をうかがうと、百科事典が電子書籍になったら、感じ取れるものも変わってくるだろうと思いますね。

平松　分厚い百科事典を広げると「べりっ」と音がする。それが手や耳や目に伝えるものがありました。よく言われる話ですが、紙の本には物量を読みこなしているという感覚も覚えます。めくるうちに右のページがだんだん増えていき、左のページは減っていく。手に持つ感触や厚みが変化していくところからも、何かを得ている実感がある。

小川　残りのページが少なくなってくると寂しくて、読み終わりたくないという気持ちになる。でもやっぱり、早く先を読みたいと思う。ページをめくる純粋な喜びを教えてくれたのは、私の場合『シャーロック・ホームズの冒険』でした。最後に事件が解決されるとスカッとしました。

平松　読書の快感の学習ですね。

小川　それになかなか意味深いことも書かれている。ホームズの言葉に「犯罪は、いたるところにあるが、正しい推理は、めったにあるものではない」と。彼は、ただ犯人を捕まえるのではなく証明の段階も美しくなければ嫌だ、と言うのです。これは数学者と同じだと思いました。

平松　ホームズはちょっと格好をつけていて気障《きざ》だな、と思いましたが、彼の推理はひとつの美学に沿っていたのですね。

小川　彼は一見、美とは縁遠いものに美を見出そうとする人です。確かにホームズは気どり屋ですが、彼はカウンセラーの資質も多分にある。まず、依頼者に「しばらく休んで、十分気持ちを落ちつけてください。そのあとで、ゆっくりお話をうかがいましょう」と言う。話し終わった時点で、ホームズの頭の中には四割がたの道筋ができ、依頼者も安心感を得る。悩みを吐き出させることで心を解放する姿はまさにカウンセリングです。

平松　人の心に向き合う、新しい小説でもあった、と。

小川　長く読み継がれている本には、やはり理由があると思いました。

平松　『ノンちゃん雲に乗る』も、今でこそ分析することも可能ですが、私がなによりはっとしたのは、お母さんに名前があるとノンちゃんが知ったあとの「それまで一つだったおかあさんとノンちゃんのあいだに、すきまができました」という一文でした。小学校二年生の女の子が、雲の上にいるおじいさんと出会い、生い立ちについて尋ねられて、お母さんのことを話す。そこで名前の話になるわけです。

小川　ノンちゃんにとってお母さんは、お母さん以外の何ものでもなかった。だからお母さんにも名前があると知って愕然《がくぜん》とする。ここではおじいさんがカウンセラー役です。

平松　おじいさんの話を聞かせるのではなく、ノンちゃんに話をさせたというところが、石井《いしい》桃《もも》子《こ》さんの見事なところだと思います。ノンちゃん自身が言葉を探して、得て、実感を持って自分や家族のことを話す。だからお母さんやお兄ちゃんのことは山ほどしゃべれるのに、お父さんのことはよく知らないから少ししか話せない。

小川　ノンちゃんが生い立ちの記を一生懸命に語ることで自我を獲得していきます。八歳の女の子が自我に目覚める瞬間を切り取った、本当に稀有《けう》な小説ですね。

平松　すべての子どもには人生の階段を上る時期がある。小学生の時、私もノンちゃん

小川　を読みながら、いっしょに階段を上ったのかもしれません。

平松　今回読み返して驚いたのは、ノンちゃんが乗ったのは空の雲ではなく、池の中、つまりは地下にある雲だったということです。ひとひねりしてありますね。

小川　ふわっと雲に乗った、単純な冒険譚ではない。

平松　まるで死の世界に一歩踏み出したかのようです。実際、ノンちゃんは死にかけてもいますし。

小川　死の淵をのぞき見たのだと思います。ノンちゃんも、アンネも、にんじんも、そして幼かった渡辺和子さんも、危機に瀕することで殻を破ったし、成長せざるを得なかった。

平松　『はつ恋』のウラジミールもそうですね。父とジナイーダの密会を目撃したことは彼を変化させたけれど、喜びを伴うものではなかった。それは人間が生きるということの、根本的な哀切さを表しています。『トムは真夜中の庭で』でも、裏庭にあったのは底抜けの喜びではなく、得も言われぬ悲しみだった。トムはそこから一歩踏み出して成長したんだと思います。

小川　トムは彼が持っていた夢想の世界を失ってしまった。大事な何かと引きかえにしながら大人になることを示す物語ですね。

●とても長かった少女時代。もしかしたら今でさえ？

小川　そうやって考えていくと、このリストの中で、持って生まれた幸福の中で守られているのは、『いやいやえん』のしげるくんだけですね。

平松　読んでいると幸せな気持ちになります。

小川　「うわばきを手にはいて、かおをなでました」とか「おべんとうのとき、わざと、にんじんをおとしました」とか、彼が叱《しか》られる理由に笑ってしまいます。

平松　しげるくんがうらやましくて、半ば憧《あこが》れました（笑）。

小川　このおばかさんかげんが救いだし、必要です。

平松　ほっとしますね。

小川　すっかり記憶からこぼれ落ちていても、自分にもしげるくんと同じような時代があった。点子ちゃんと同じ時代があり、アンネ・フランクと同じ時代を通り過ぎて、今ここにいる。少女時代に出会った文学を読み返すのは、自分の歴史をたどるのと同じです。

平松　私は、本を読むことで、自分の中に聖域のようなものが築かれてゆく実感を抱いていました。小川さんは小学校の頃、本を読むことにどんな感覚を持っていらっしゃいましたか。

小川　他に何の説明も必要ない、本当に純粋な喜び、そのものです。学校の図書室で本を借りると、いつも走って帰りました。ランドセルの中でカタカタ音をたてる本が、「早く、早く」と言っているようで。こたつの季節はそこで読むのが好きでしたね。夢中で読んで返却する段になると、読める本が一冊減ってしまうと何だか寂しかった。それから、昔は本の裏表紙の内側にポケットがついていて、カードが入っていました。

平松　貸出カードですね。

小川　そうです。それを見て、自分が最初に借りたことがわかると優越感を持ったり、嫌いな子が借りているとちょっといやだな（笑）と思ったりしました。

平松　カードには罫が引かれていて、名前と借りた日、返した日を書きましたね。「一回に借りるのは五冊まで」と決められていたら五冊借りて、全部読み終えられないから期限内に返却して、また借りに行って。

小川　本にまつわる思い出は、数限りなくあります。

平松　振り返ってみると、私がファンタジー性の強い物語から離れたのは、高校生のとき、藤原《ふじわら》ていさんの『流れる星は生きている』とパール・バックの『大地』を読んだのがきっかけでした。

小川　いずれも地に足が着いた、壮大な話です。

平松　友人には『指輪物語』や『ナルニア国ものがたり』のようなファンタジーを好む人が多かった。でも「そっちには行かない」と思ったことを、いまもはっきり覚えています。

小川　ひとつ、分かれ道を通った、と言えるのでしょうか。

平松　ちらっとのぞいて「面白そう」とは思いながら、なぜ拒んだかというと、『流れる星は生きている』や『大地』には「それまで本で培ってきた自分の中の聖域とはまったく違う現実の営みが人間にはある」と知ってしまった衝撃からです。今振り返ると、それは私にとっての分岐点でもありました。

小川　現実の出来事ではなく読書体験で大人になったと意識されたこと、またそれを記憶していらっしゃるのが、平松さんらしい。『流れる星は生きている』は、時代背景もあって、若い人には容易に共感しにくい点もあるかと思いますが、藤原ていさんの筆力がとにかくすごい。

平松　もう圧倒的でした。彼女が三人の子どもを連れて、満州から命からがら引き揚げる記録を、私は『アンネの日記』のように受け止めて、目が離せなくなった。過酷な日々や、他人へのうらみがましい思いなどを具体的に描写して壮絶ですが、同時に彼女は言葉に綴ることで、身に起こったすべてを受け入れることができた。

小川　そこに光を感じたのだと思います。『夜と霧』の中に、「すなわち最もよき人々は帰ってこなかった」という有名な一文がありますが、あまりにも理不尽で過酷な体験をした人は、自分が生き残った意味を考え続けなければいけない運命を背負わされる。それはとても苦しいことだと思うんです。藤原ていさんにとって、その苦しみに決着をつける方法は、書く以外なかった。

平松　だからあの長大な分量が必要だった。誤解を恐れずに言えば『アンネの日記』にも、日記というジャンルを超えた過剰さがありますが、しかし、それは必要な過剰さだった。言葉というものがどんなに人を救うか、ただ単に救うだけでなくその人を作りもするかということを切に感じます。

小川　書くにしても、読むにしても、考えるにしても、人は言葉とかかわっていくことで自分という人間を組み立てていく。それを人生をかけて繰り返していくのでしょう。

平松　人は客観的でないと言葉を探せないし、論理を働かせなければ言葉を重ねていけない。言葉にかかわることによって自己を補強するし、発見もするのだと思います。私は子どものときに本をたくさん読むことがすべてとは思わないし、いわゆる〝良書〟と出会うことだけが人を育てるとも思わない。本に出会う時期、本と

小川　友達になる時期はいろいろで、適切な言葉に出会いさえすれば、いつでも自分を見つめなおせるのだと思います。

考えてみれば、文字を書くことを職業にしているのは幸せなことです。言葉と意識的に向き合うことが、そのまま仕事なのですから。誰のためでもなく、報酬のためでもなく、書くことで自分を支えている人は大勢いると思います。文字にしないまでも、胸の中で言葉に置き換えながら、日々はつくられている。

平松　そう考えると、読むことと書くことはそれほど違わない——。

小川　さらに言えば、作家だから物語を書いているのではない。誰もが物語を持っていて、それを実際に書くか書かないかだけの違いだと思います。それにしても、「少女時代の本棚」というテーマをいただいて、改めて、何歳までが少女時代に含まれるのだろうと考えました。今回、自分が無意識に、二十五歳ぐらいまでと感じていたことに驚きました。三十歳ぐらいの時に同じテーマを与えられたら、たぶん十五歳ぐらいまでをイメージしたと思います。今となっては、少女時代がとても長かったような気がします。この年齢になると、今も少女時代ですとさえ、言えそう。

平松　少女時代に読んだ本を再読すると、その人固有の物語が上書きされ、さらにふくらみますね。

小川　本との出会いが偶然に左右されるのも、本当に楽しい。系統立てて読んでいくわけではなく、出会いがしらにぱっと手にとった本が次の本を連れてきて、新たな出会いになる。今日お話しした本も、どこかで全部つながりあっていたような、ひとつの星座だったような感じがします。

平松　その星座の形は、きっと人によって違うのでしょうね。

＆〈私たちをつくっている、ささやかな記憶の欠片〉

平松　そう言えば、子どもの頃のことがテーマだからと思って、うちを出る時に持ってきたものがあるんです。五歳くらいの時の写真（五ページ参照）なんですけど。

小川　あらあ、可愛い！　ちょっと待ってください。これはいろいろ突っ込みどころがありますよ（笑）。

平松　ふふ。いっぱい詰まってますよね。祖父の家の居間なんですが、着ているワンピースもローウエストでベルト付き。すごく好きだったお出かけ着だったことをよく覚えています。

小川　カーディガンを着てね。いかにも昭和の女の子。

平松　昭和三十八年頃だと思います。

小川　東京オリンピックの前の年ですね。私の母もよくこんなワンピースを縫ってくれました。でもなぜカルピスに招き猫が？（笑）

平松　それはこの写真を撮ってくれた叔父のいたずら心で（笑）。写真を撮るとき、そばにあった招き猫をちょこんと載せたことをいまでも記憶しています。

小川　こんな利発そうな娘さんがいたら、お父さん、それはご自慢でしょう。平松さんが子ども時代の思い出について書かれている中で「あっ、これは私、全然体験したことない」と思ったのが、かつおぶしを削るお手伝いだったんですよ。おうちで削ってらしたんですね。

平松　はい。「みずまき、そのあと、かつおぶし」は夏休みの間、ずっと私に課せられた役目でした。小学四年生くらいのときです。

小川　削っていったら最後は紫色になるんですか？

平松　はい。だんだん削っていくと、周りの柔らかいところから削れていって、つやつやして尖った鉱石っぽいものが顕《あらわ》れてくる。自分で削っているんだけど、感覚としては「掘り出されていく」感じがするんです。

小川　なるほど。一番奥に隠された秘密の何かが出てくるみたいな。

平松　そうなんです。そうなるととても捨てられない。削ってきた自分の時間がそこに注ぎ込まれているし、宝物に思えて、宝石箱に大事にしまっていました。赤いビロードのオルゴールつきの宝石箱です。

小川　宝物だったんですね。

平松　宝物だったんです。子どもの頃に体感したそういうことって、やっぱり手が覚えてるんですね。書くことの面白さと共通しているかもしれませんが、話しているだけでは決して出てこない言葉が、手を動かすことによって顕れてくる。物心つくかつかない頃の記憶と現在が、身体運動の豊かさによって地続きになっていて、長いひもみたいなものをずっとこう、手繰り寄せていくと、自分でも忘れていたような、歳月としては一番遠いところにあるものがするっと出てくる気がします。小川さんも何かそういう小さな記憶がたくさんおありになるのではないですか。

小川　この年頃だと、お姫様ごっこの延長でチラシの裏にお城の見取り図をたくさん描いていました。広告の裏がつるつるして鉛筆が滑ってなかなか濃く描けない感じとか、手が覚えてくれていることがいろいろあります。

平松　『最果てアーケード』（小川洋子　講談社文庫）のアーケードの詳細な描写がとても印象的ですが、あれも、広告の裏にそうやって見取り図を描いていた少女時代とどこかつながっているのでしょうね。

小川　そうですね。広告の裏に描いている段階では平面なんですけど、言葉でつくっていけば、奥行きも、匂いも、風も全部描けるんだという発見があったんじゃないでしょうか。それで平面だけでは満足できなくなって、お話を書くようになったのかも知れませんね。

平松　作家としての小川さんのルーツを垣間見る思いがします。

小川　ふと思ったのですが、こういう可愛らしい利発な女の子がかつおぶしを削りながら自分だけの宝石を手に入れているかたわらで、親たちは何を考えていたのか。今の私たちよりも若い母親だったと思うんですけど、あの時代の母親こそすべてを手でやっていたなという気がします。冬になると、私はよく母に糸巻きをやらされました。「洋子ちゃん、そこ座って」と言われて、セーターをほどいて、両手をこうやって広げて、毛糸を真っ直ぐにするためにやかんの口に専用の道具をはめて、湯気をあててね。

平松　私の母も同じく「洋子ちゃん、そこ座って」（笑）。ちょっと離れた位置に座って、両手を伸ばしてゆっくり廻《まわ》す。あの時の毛糸が伸びていく感じとか湯気を通して柔らかくなる感じ、こうして話していると、あの感覚が蘇ってくるようです。高度成長期にこれから突入していこうかという、その手前の時代。生活のすき間に、手間はかかるけれど余剰というか、余分なものがいっぱいあった。

小川　本当にそうですね。でも余分なものの方がいい思い出になっています。大人になってあわただしく日常を送っていたら別段思い出す必要もない、そういう記憶の欠片《かけら》が何かの拍子にパッと蘇ってきて、しかもその欠片が自分を形作るかけがえのない細部であることに気づかされる。自分は何者なのかを語る時に、抽象的な言葉では決して真実に迫れないですよね。かつおぶしの最後の紫に光る宝石みたいな欠片の方が、ずっとリアリティがあるし、その人の人生にとって切実で大事なものなんですよね。

第二章　少女から大人になる

小川洋子の2冊

『アンネの日記　完全版』 アンネ・フランク　深町眞理子訳
（文藝春秋　1994年）
歴史的記録としてはもちろん、思春期の少女の成長を綴った文学作品でもある。アンネの死後、父オットーが出版。最初の発表時には削除・修正されていた母親への反抗心や性の目覚めなどの記述が、完全版では増補されている。

『海を感じる時』 中沢けい
（『海を感じる時・水平線上にて』所収　講談社文芸文庫　1995年）
高校1年生の「私」は先輩の高野との不安定な恋に溺れていく。性愛の目覚めと母と娘の対立をみずみずしい筆致で描いた18歳のデビュー作。1978年、本作で群像新人賞を受賞。巻末には「著者から読者へ」なども収録されている。

平松洋子の3冊

『パリから　娘とわたしの時間』 増井和子
（新潮社　1981年）
著者は1972年からパリ在住。ワインやチーズなど食文化に造詣の深いジャーナリスト。少女から娘へ。黄色いランドセルを背負っていた娘が思春期を迎え、少しずつ成長していく過程を小気味よい距離感をもって見つめたエッセイ。

『パーマネント野ばら』 西原理恵子
（新潮社　2006年）
地方の漁師町にある美容院「パーマネント野ばら」は女たちの本音が飛び交うざんげ室。離婚して娘を連れて戻ってきたなおこは恋をしていたが……。『毎日かあさん』の西原理恵子が描く女にはどん底で笑うたくましさがある。

『キス』 キャスリン・ハリソン　岩本正恵訳
（新潮社　1998年）
両親は娘が生まれて間もなく離婚。美しく成長した娘は牧師の父親と再会し、互いの孤独を埋めるかのように近親相姦の闇に堕ちていく。子どもから性的な存在へと変わっていく戸惑い。著者自身の実体験を綴った衝撃のノンフィクション。

●思春期。心と体が劇的に変化する時期をどうくぐり抜けるのか

小川　不思議ですね。平松さんと子どもの頃に読んだ本の話をしていくうちに、なんだか突然栓が抜けたみたいに記憶の底に沈んでいたものが、するする、するすると引っ張り出されてきたようで、それがとても印象的でした。

平松　あたりの空気まで濃度が濃くなるのが感じられるような往還関係で、あまりない経験でした。

小川　ふたりとも岡山出身ですが、それ以上に、平松さんのエッセイを拝読していると、同じうちに育ったんじゃないかという錯覚をおぼえるくらい、子ども時代の空気が似通っているなと感じたんです。たとえば夏休みの思い出で水色のボンボンベッドでお昼寝するというのを読むと、角度を変える時のあのカキカキいう音が一瞬で蘇ってくる。

平松　あの音！　カキカキ鳴るんですよね、起こすとき。

小川　ビニールの肌触りがあんまりよくないから、コットンの敷物なんかを敷いて、おなかにタオルケットだけかけて昼寝したなとか。もちろんラジオ体操もあったし、肝油ドロップも食べた。当時はしょっちゅう停電があって、そうするとお母さん

が「動きなさんな」って言う、もうそれなんかうちの母の声で聞こえてくるようでした。

平松　今回のテーマは「少女から大人になる」。もちろんお話しするのは楽しみなんですが、一方でとても気が重い。本の選び方のせいでもあるんですけど、母親の記憶と結びつかないわけにいかない。濃密というか、濃密すぎる話になりそうで。

小川　『キス』とかね。平松さん、またすごいの選んできたなと（笑）。

平松　反省しています（笑）。これにしようと決めたあとでふっと見たら、カバーに小川さんがコメントを寄せられていて、ええっ？　と思って。

小川　そうなんです。新潮クレスト・ブックスが創刊された時の初回配本が、娘が父親との近親相姦を告白したこの作品で、衝撃的でした。しかもこれ、ノンフィクションなんですよね。

平松　『パリから』も私にとって本当に大事な本で、資生堂の『花椿』で連載されていたんです。当時私は高校生で、『花椿』は資生堂のチェーンストアに置いてあったので、母に「もらってきて」って毎月頼んでいたんですよ。何が読みたいって、これを読みたくて。一度だけ短い書評でとりあげたことがあるんですが、これまでほとんど書いてもいないし話したこともなくて、それくらい大事に思ってきた本なので、今日は小川さんとこの本の話ができることがすごく嬉《うれ》しかった。縁だなと思って。

小川　『パリから』を読むのは初めてでした。著者で母親の増井和子《ますいかずこ》さんが娘のちひろちゃんの十歳から十五歳までを描いている。インターネットで調べたら、このちひろちゃんという女の子は、もうすっかり大人になって、お母さんと一緒にブログをされているんですね。フード関係のお仕事ですか。

平松　そうみたいですね。今はたぶん四十代後半くらいでしょうか。もともと増井和子さんはフードジャーナリストをなさっていて、ワインやチーズといったテーマを設けて、それをぐっと深めていくような書き方をなさるかた。そういうお母さんのもとで育たれたから、おなじ方向に進まれたのですね。

小川　ちひろちゃんという女の子はちょっと特別な子っていうか非常に賢い子ですよね。「ビートルズってラディゲだとおもう」なんてセリフが、もし自分の娘から出てきたらおののいてしまうと思います。

平松　増井さん自身「特殊」という言葉をずいぶん使っていたけれども、自分が娘を特殊に育ててしまった、それは自分の責任であると、そこはもうハッキリ書かれています。たぶん離婚されて、シングルマザーになって、それからパリにふたりで渡られているんですね。

小川　ふたりの距離感がとてもいいですね。母親の役割しか果たしていない人が持っているべたべたした母性がこの本では封印されていて、あくまで「ものを書く人」として娘を描写している。それに応えるかのように人間的魅力に溢《あふ》れた娘さんだし、書き甲斐がある感じがします。高校生の自分が読んだとしても、ふたりの距離感とか母親の娘に対するとらえ方というのが、自分の母親とは違うな、うらやましいなと、単純にないものねだりでそう思ったでしょうね。

平松　高校生の私がどうしてこの本にここまで惹《ひ》かれたのかと言えば、パリに住んでいる同世代の女の子に憧れてとかそういうことでは全くなくて、やっぱり、そういう増井さんの姿勢だと思うし、人間観だったと思います。娘なんだけど、ひとりの人間としてこの目の前の人間と相対するのだという意識がものすごくあって、娘も聡明だからそれを汲んで、母親と娘がこういう関係を築くことができるんだという、驚きと羨望がありました。異国でふたりで女同士どうやって生きていこうっていうのがまず大前提としてあるから、母でもあるし、娘でもあるんだけど、同志でもある。

小川　初めてパリの小学校に行った日の夜、新生活に対していろんな想いがあったんでしょうね。ちひろちゃんが泣いちゃって、増井さんがおんぶして、街に出る。セーヌ川を渡って、カルチェラタンの方に行って、ノートルダム寺院まで戻ってくると、ちひろちゃんがノートルダム寺院について質問するんですよね。

平松　「だれが、ノートルダム建てたの？」「どうして建てたの？」「どうして建てられたの？」……お母さん、わからないからちょっとごまかすのね（笑）。

小川　あの一編は、映像が浮かんでくるようでした。家から一歩外の世界に踏み出そうとしている娘が、これから自分が歩む世界はどういう仕組みになっているのかということを、早くもここで知ろうとしているんですね。

平松　十歳から十五歳というのは、ちょうど女の子の心と体が劇的に変わり始める時期でもある。胸も膨らんできて、ぽちっと固くなったのを「ママ、ボタンができた」と言われるあの場面で、私はもう、びっくりして一気にのめり込んでしまったんです。自分も高校生で、まさに成長期の真っただ中にいる時に読んだので、母親はこういうことを自分に感じたことがあるのだろうかと思って、ぞっとした。娘を育てる母とは異質な関係がいきなり持ちこまれて、穏やかじゃなくなってしまう。

小川　あ、人が成長するってそういうことなんだなって、ハッとさせられます。自分の体に起こっている変化に、本人は案外まだ何も気づいてなくて、周りの人間、母親にこういう感情を催させていたのかと。

平松　増井さんも「始まってしまったのか……」と書く。「母親は天井をにらみつけた。何故《なぜ》か取返しのつかないような気持になっている」。取り返しのつかないことが始まってしまった、という呪術的な言葉の響きに、まさにと膝《ひざ》を打つ思いがしました。

小川　思春期の心と体の変化、いわゆる性の目覚めみたいなことって、家庭の中ではあえて言葉にして確認しあったりもしないし、むしろ触れないで、お互い見て見ぬふりをしてそこを通り過ぎようとしますけど、それをちゃんと言葉で書くとなるとこうなるんですね。

平松　増井さんのごつごつとした言葉が、今、読み返してもすごく魅力的。

小川　ある意味、ぶっきらぼうな書き方ですよね。

平松　でも嘘《うそ》がない感じがする。たとえば犬を飼いたいという娘に「犬のある生活の孤独を娘はまだ知らない」っていう、あの言葉。ある意味、残酷なんだけど、母親として娘の成長を寿《ことほ》ぐのではなくて、同性の女として「まだいいよ、そっちにいて。こっちはほんとに大変なんだ。孤独みたいなことはまだ知らなくていいよ、ゆっくりでいいよ」という気持ち。また、そういうズバッとしたひと言を必ず一編のエッセイの最後に置く。

小川　ごろんとそこに置きっぱなしにしているみたいな、独特の文章の削り方です。

平松　たぶん自分の中で解決のつかない、つけられないことを、よくよく自分でもわかっていて、それで最後に置くほかないのかも知れない。

小川　校長先生からちひろちゃんの飛び級を勧められた時も「娘よ、ゆっくり行けばいい」。時間をひきとめたい、そう願ってもそれは無理で子どもはどんどん大きくなっていく、でもゆっくりでいいよと。「自分と娘は別の人間なんだ」という非常に当たり前の大前提を根底に置いた上で、でも悟りきっているわけじゃないんだっていう、ジタバタしているところが文章に出ている。私は母親の年齢になって初めて読んだので、母親の立場で読むと、ものすごく親近感を感じました。

平松　娘の中に女を発見した、認めた女性性みたいなことから私は逃げないという、ある種の母としての覚悟みたいなものが、増井さんの中にあるんだと思うんです。反抗期で学校に行かなくなったちひろちゃんが「ママだって、二つ選択があったら自分は危険の多い方、チャレンジの大きい方をいつも選んできた、っていってたじゃないの。わたしはママに似たのよ。わたしもリスクをとりたいの」って言う、その言葉からもそれがわかりますよね。増井さんは「自分はこういう人生を歩んできたんだ」ということを、十代前半のこの子にちゃんと言ってきた。受け入れもするけど、それは「いいよいいよ」と寛容に受け入れるということではなく、正面から相対するんだという覚悟でもある。逃げない人なんだと思う。

小川　成長期にある娘の性的な問題が表面化してきた時に、たとえば『海を感じる時』のお母さんは断固拒否する。娘が男の人とどうにかなるなんて、自分の命が奪われるに等しいという考えです。そういう娘の性と自分の命がイコールになっている関係と比べると、増井さん母娘の関係の方が健全、望ましく見えますよね。

平松　開かれています。

小川　ちひろちゃんにボーイフレンドが出来た時も「目をつぶって、信頼しませんか」って、まるでもうひとりの自分が自分に言い聞かせるみたいな書き方をしている。

平松　「目の前で起こる子供たちの恋を、バカみたいな心配であほらしくこわすのは止しましょう。たまには恋を尊敬しましょう。愛し合っている子供というものは、どちらにしても恵まれた生きものです」ってね。冷静さを装っているけど、ここだけ全編の中ですごく浮き上がっている（笑）。

小川　動揺を隠しきれていない（笑）。「よすべきだろうか」という自問とも違うし「壊すべきではない」と自分で自分をいさめるわけでもない、微妙な語尾に抑制されたいろんな感情がにじみ出てしまっている。そういう大きな節目、小さな節目があって、さまざまな踊り場を通過しながら、娘は離れていく。その途中、途中の踊り場で、親としての寂しさ、心配、やるせなさを、気取ってとりつくろうのではなく、とても正直に吐露されています。

平松　文章としても毅然としている。たとえば娘が今日あった出来事をいろいろ語ってくれたあとに「ほんとうのことをいわないとしになったとおもった」と全部平仮名で書く。こういうところが増井さんの文章の本当に魅力的なところだと思う。

小川　読みながら、自分の時はどうだったかなと思い返してみても、案外忘れてるんですね。ちひろちゃんは、まず本を通して現実と関わろうとし始める。自分の部屋に私設図書館をつくって、友達に貸出カードを発行したりして「本ってみてるだけでもきれいなの」と言っていたのが、だんだん、ささいなことで親子ゲンカをしたりとか「自殺したい」なんていう手紙を書くようになって、本当のことを言わない年になっていく。ほんの三年、四年ぐらいの間でものすごく微妙に、しかし劇的に変わっていく彼女の成長の過程をつぶさに読んでいくと、同じようなことが自分にも起きたはずなのに、ぼんやりしている間に通り過ぎちゃったという印象です。平松さんはどうでしたか。

平松　私の場合は「自分はこんなに変わっていってるのに、あなたたちは全くそれに気がついていない」という、自分が適切に認識してもらえていないことに対する苛立ちがものすごくありました。だからこそ、この母と娘の関係にこんなにも反応したんだと思うんです。

小川　一人娘ですか。

平松　妹がいます。

小川　長女さん。

平松　はい。

小川　私も非常に反抗期がきつくて、両親のような生き方は絶対にしないといつも思っていました。増井さんみたいな理解の仕方はあの人たちには出来ない、そのくせ自分は娘のことは全部わかってるんだという気でいる、なんていい気な人たちなんだろう……って、今の口調は十五歳の私に成り代わって言ってみたんですけど（笑）。

平松　ふふ。

小川　別にものを投げたり暴れたりするわけじゃないんです。むしろそうしたくても出来ないことがつらい。精神的に親を突き放すしかないわけです。母親の理想とする親子関係と娘が心惹かれるものが根本的に違っていたんでしょうね。たとえば編み物をしていると「教えて教えて」と私が寄っていって、ふたりで「ここ、ちょっと間違えてるわよ」とやるのが母の理想。現実の娘は編み物なんて楽しくも何ともない（苦笑）。どうしてこの人たちは本を読まないのだろう。どうしてうちには『熱帯魚の飼い方』と『家庭の医学』しかないのか。まあ、面と向かって言ったりはしませんでしたが。自分の心の内を的確に表現するだけの言葉の能力がありませんから、わかってもらえない不満と伝える術を持たないジレンマで悶々とするしかなかった。「自分でもよくつかめていないことを、どうしてあなたたちがわかっていると言えるんだ」というのが、私の反抗期の根本でした。

平松　自分を言葉で語らなければ、わかってもらえないのかという苛立ちは、私の中にもありました。自ずと生じてしまった目の前のズレみたいなものを、自分でどうやって埋めていいのかもわからない。でも本当に気づいてほしいと思っていたかと言うと、それもちょっと違っていて、私だけのものにしておきたい、知らせたくないというのもあって。十代の後半はその苦しさがずっとあった気がします。

小川　こんなことを言うとみもふたもないですけれど、とにかくこの思春期を乗り越えて、大人になるって大変なことですね。よくそんなことを自分が出来たなと（笑）。あの時間をもう一回やり直せと言われても無理だと思う。私は、そんな時にアンネ・フランクと出会って「あ、書けばいいんだ」と思ったんです。真似をして、自分も大学ノートに何か書き始めたのはその頃でした。

平松　私も、今思い出すとほんとに汗しか出ないんですけど、詩とか書いていました。

小川　そうですよね。

平松　はい。自分でも見るのが耐えがたくなって捨ててしまったんですけど、今になると惜しいことした（笑）。

小川　フフ。

平松　今見たら、面白かっただろうな。私ね、英語が好きだったんです。それで英語の

小川　詩集を買ってきて、自分で辞書をひきながらよく翻訳していました。たぶん、いきなり日本語で詩を書くというのが恥ずかしかったんだと思うんですけど。

平松　それなりの工夫をされたわけですね、「詩を書く」のは恥ずかしいけど「翻訳する」なら恥ずかしくない。

小川　ええ。ノートの左ページに英語の詩を書きうつして、右ページに対訳風に自分の訳を書いて、ひとり遊びとしても楽しかった。

平松　言葉と戯れる感じですね。

小川　そうですね。

平松　文学の入り方として有効な入口を、本能的に選び取っていらっしゃる。アンネ・フランクも、キティーという架空の友人にあてて日記を書いた。自分の言葉を語りかける相手として「キティー」という存在をまず設定したということも、一少女の日記を文学にした大きな要因だったのではないか、と前回お話に出ましたが、いきなり白い紙に自分の心という輪郭のないものを書き表すのは、いくら文才のある少女でもほとんど不可能なこと。やはり何かそこに文学的な細工を施す必要がある。

小川　そうかそうか。今、わかりました。当時は本当に無自覚でしていたことですけど「英語の詩を訳す」という方法を見つけたことが、アンネにとってのキティーの

小川　ような役割を果たしてくれたのかも知れないということですね。

思春期はただでさえ自意識過剰な年代ですから。〈書く自分〉と〈書かれる自分〉があまりにも密着しすぎている。それを何かの方法によって一旦引き離さないといけない。平松さんにとって翻訳は〈書く自分〉と〈書かれる自分〉をひき剝《は》がすのに非常に有効な手立てだったんでしょうね。

●アンネ・フランクの反抗期。母と娘の関係はむずかしい

平松　うちの父はクラシック音楽が好きで、我が家の家族団らんはクラシック音楽を聴くことだったんです。食後に父が「今日はこれを聴く」と言ってショパンなんかを聴く。

小川　まあ、優雅ですね。うちとは全然違う（笑）。

平松　でも私はそれがあまり好きじゃなくて。もちろん私も音楽は好きだし、ピアノも習っていたのですが、なぜ押し付けられなくてはならないのかと。どこかに無理があるというか、強く押し付けられるのが好きではなくて、いかに早く自分の部屋に逃げ込んで、ひとりになるかを毎日考えていました。忘れもしない、小学生の時にザ・フォーク・クルセダーズの『帰って来たヨッパライ』がヒットして

小川　「おらは死んじまっただ」「天国よいとこ……」と調子よく歌っていたら、父に「そんな歌、歌うな！」っていきなり怒られちゃった。

平松　お父さんの美学には合わなかったんですね。

小川　なんてつまらないことを言うんだろうと。あの時の父の口調は、なぜかいまでも覚えています。まあ、妹は武蔵野音大のピアノ科に進学したので、父の団らんも無駄ではなかったのかも知れませんが。母親と洋服を買いに行くのもすごく嫌でしたね。

平松　ああ、嫌ですよね、あれ。

小川　でも一緒に行かないと買ってもらえないから、行くじゃないですか。試着すると、母親が決まって言うせりふが「あ、その方がいい。それ、すごくきちんと見えるわ」って。言葉や態度のはしばしから、父と母の「この子はこう育てたい」という理想が隠しようもなく溢れていて、私はひしひしとそれを感じながら育った。

平松　長女だとなおさら、ですよね。もっとちっちゃい頃には、それこそ母親がつくった服を着せられていたわけですものね。

小川　ええ。大きなお世話だ、そこから逃げたいという気持ちがあるのに、逃げ出す術がないから受け入れざるをえない。いま思っても、すごく苦痛でしたね。そうなると、どうしたって内省していくしかない。

小川　アンネ・フランクはそこで嫌だって言っちゃう子、お姉さんのマルゴーは嫌だと言ったらお母さんがかわいそうだからって言わない子でした。三つ違いの姉妹なんですね。アンネはものすごく反発して、母親に対する不満を日記にも書いていました。『アンネの日記』を出版する時に、お父さんは、アンネがお母さんを批判してるところは削除して、少し手加減して出版したようですけれど、今の私から見ると、このお母さんってごく平凡な普通のお母さんなんですよ。そういう家庭の中で次女がこんなふうに反抗するのもよくある話、どこにでもある話だと思います。

平松　今なら、たぶんそのまま出版したでしょうけど、当時の父親の心情としては、やっぱり許せなかった。時代性もあるでしょうね。

小川　むしろ隠れ家という非常に特殊な生活空間にもかかわらず、このようにありふれた、平凡な親子の戦いが行われていたということの方が不思議ですよね。かたやパリのシテ島での戦いと、アムステルダムの隠れ家での戦い、そして倉敷の茶の間でクラシックを聴きながら起こる親子のやりとりと、実はそんなにかけ離れていないいんじゃないかという気がします。

平松　そうですね。ほんとに。そう思います。

小川　アンネも、もうちょっと、せめてあと一年、時間があれば、この母親とすごくいい親子になれたと思うのに、彼女たちには時間がなかった。

平松　それが永遠にかなえられなかったということが読者にもわかるから、あの文章のせつなさが余計に胸に迫ってくる。

小川　アンネがあの日記を書いたのは十三歳の誕生日から、ナチスに捕まるまでの約二年間でした。彼女は、自分の体や性の問題についてとても率直に書いています。それは日記だから書けたのであって、家族との席でこういうことをおっぴらに話したわけではないと思います。率直さとともに聡明さがあって、いやらしさが微塵《みじん》もない。たとえば初潮について、「わたしにも早くそれがくればいいのに」と書いています。私は初潮がくるのはなんか嫌だなという気持ちの方が強かった記憶があるんですけど、彼女は「早く大人になりたい」という生命力に溢れている。

平松　最初にペーターとそういうことを話したのが十四歳の三月十八日。お互いの体についで話をしたのが三月二十二日。初めてキスされたのが四月十五日。

小川　そんなに急速に進んでいるんですね（笑）。

平松　キスをした翌日の日記には「どんな女の子にとっても、はじめてキスされた日と言えば、記念すべき日でしょう？」と書いています。

小川　「日付を覚えておいてください」ってね。

平松　四月二十八日には、「彼はわたしをとらえ、中身を外に、外面をなかに、裏返しにしてしまいました」。本当にどうやって、こういう文章が生まれるんだろうと思う。五月五日がまたすごくないですか。「完全に自分ひとりで生きてゆける段階に達しました」。

小川　そうそう、卒業しちゃうんですよ、勝手に（笑）。

平松　一か月半の間に、恋をして、キスして、お互いのことを理解して、卒業する。隠れ家という特殊な環境の中で、ものすごい変革を自分の中にぐーっと起こしていくんですね。

小川　まるで残り時間が少ないことをわかっていたかのようです。このペーター少年がまたなかなか感心な子で、飼っているモッフィーという猫が雄か雌かという話になった時に、猫を抱き上げて「これが雄の生殖器だ」と言ってアンネと語り合う場面があって、非常に淡々として嫌みがなくて好感が持てるんですね。アンネ自身も、こうした話題を冗談の種にせずにごく自然に話し合えることに感動し、だんだんペーターに惹かれていきます。ペーターは恥ずかしい盛りの男の子にしてはちゃんと真面目に、照れないで、誠意を持って性の問題と接している。

平松　率直で素朴。

小川　それがお互いにとってどんなに得難い宝物だったたか。「きみは、いつだってぼくを励ましてくれてるじゃないか」と言うペーターに、アンネが「あら、どうやって？」と訊くと「きみのその朗らかさでさ」と答える。こんなに素敵な心のやりとりをしている。限られた小さな窓から見える青空、マロニエの木、雨の滴、カモメ、ふたりで無言でそれらを見つめている時に、世界の真の美しさに触れて心の底から喜びを分かちあいます。体への好奇心だけで結びついたのではない、ちゃんと恋愛をしているんですね。ところが十五歳の誕生日にペーターが花束をプレゼントしてくれますが、もう、とてもあっさりした記述で、この時点では卒業しちゃってるんですね、ペーターから。

平松　「完全に自分ひとりで生きてゆける段階に達しました。もうおかあさんの助けはいりません。いえ、そのかぎりでは、ほかのだれの助けも不必要です」。アンネにとってペーターへの想いは、まっすぐなものではあったけれど、彼を通って自分が成長していくためのひとつの階段でもあった。彼女がだんだん自分自身を獲得していく過程がすごくよくわかるし、それには性にまつわることを自分の中で咀嚼《そしゃく》しないと「ひとりで生きてゆける」というふうに思えなかった。

小川　まだ隠れ家に入る前、仲良しの女の子ジャックと「あかちゃんはどこから生まれてくるか」という話になった時に、実はジャックの方が詳しくて、赤ん坊は胃袋から出てくるんじゃない、「完成品が出てくるのって、原料を入れてやったところからに決まってるじゃない！」と言う場面があって、あまりのかわいらしさに

平松　思わず大笑いしてしまいました。「原料」っていうのがね（笑）。

小川　女の子たちはこんなユニークで甘美な会話をこっそり交わしてるんですね。

平松　男の子とは、性に対する意識も感覚もまるで違う。

小川　アンネも、体のこと、性のこと、男の子のこと、あらゆることを知りたがっている。詳細な描写から興味津々だった様子が伝わってきます。

平松　性の目覚めを通して、あ、人はひとりなんだ、自分で立っていかなくちゃいけないんだというそのことを少しずつ発見していった。

小川　自分の性器の仕組みを、自分で見て、詳細に書いているのも、きっと知りたい一心だったのでしょうね。

平松　あれ、ものすごく正確ですよね。

小川　文献も集められない状況の中でね。

平松　あの驚くべき詳細さを目の当たりにすると、単純に性に対する興味・関心というより、やはり、自分というものを知っていくことの喜びだったという気がしてしょうがない。

小川　彼女にとっては、きっとそっちの方が断然、勝っていたでしょう。

平松　一個の人間として自分がどういう存在なのかを知りたい、そのためには自分の体の構造、たとえば性器がどういうふうになっているかも知らなければという、切実な、切羽詰まった思いがあった――。

小川　性に対するタブーの意識が今よりもっと色濃かった時代に、ものすごく前向きに知ろうとしている。自分の性的な成長に対する嫌悪感より、好奇心、知ることの喜びの方が勝っている。それにしても親から独立していくことと性の問題っていうのは、やっぱり切っても切り離せないものなんですね。

●性の目覚めを通して、娘は母を乗り越えていこうとする

平松　たしか小学校の四年生の時だったと思うんですけど、女子だけ視聴覚教室に呼ばれて、初潮についてのスライドを見せられたじゃないですか。朝礼台の隣にマイクがあって、体育の先生が「男子は教室に戻れ。女子はこれから全員、視聴覚教室に行く。女子には女子にしかない、すごく大切な役目があるんです」と。マイクでそんなことを言えば、近所中に筒抜けですよね。女の先生たちが「えっ。この人、何言い出すの!?」ってものすごい軽蔑した視線を送ったんだけど、あまりにもデリカシーがない。仕方がないから視聴覚教室に行ったら、スライドを見るために電気を消してあって。

小川　それだけですでに背徳的な感じがしますね。

平松　そんな薄暗いところで初潮の仕組みとか言われても、気味の悪いところに連れて行かれたみたいで、ものすごく嫌でしたね。昭和四十三、四年頃の話なので、いまの性教育ってまた全然違うんだろうと思うんですけど。

小川　最初にその問題とどういう出会い方をするかって重要です。

平松　体の成長と心の成長が結びついている年代ですから、なおさら。そういうことを全部、ひとりでやってのけたというだけでも、アンネ・フランクが偉人に思えてきます。

小川　中沢《なかざわ》けいさんの『海を感じる時』にも、体育の授業を一か月に一回、休まない子は恥ずかしいみたいな記述が出てきます。『海を感じる時』は中沢さんが十八歳の時のデビュー作で、私はこれを高校生の時に読みました。妊娠したかも知れないと動揺した主人公が、生理がきた時の感触を「小さな蛇が逃げだした。岩の割れ目から今を待っていたように、鋭く体をくねらせ、出てきた」と表現しています。ここを読んだ時、ひっくり返るほどの衝撃を受けました。これが文学なのか！　と。

平松　こういうふうに感じること、ありませんか。生温かい、ぬるっとしたものがするっと出る、あの決して気持ちよくはない感じ、あの違和感。それを女の人はいつも感じながら生活してきた。

小川　あの若さで、あの感覚を文章にすることが可能なんだなと驚いてしまったんです。

平松　中沢さんは、私より一歳下なんですが、『海を感じる時』が出たときに、パッと見て、今は読みたくないと思ってしまったのをハッキリ覚えています。自分の中に整理されていない母親との問題があるというのを、その頃にはもう、自分でもわかっていたから。読んだのは、だからずいぶんあと、二十代の終わりでした。

小川　私がこれを読んだのは、自分と同世代の人が作家デビューしたことに対する憧れと嫉妬からでした。自分も小説を書きたいと思っているけれど、まだ書けないでいるのに、どんなことを書いてデビューしたんだろうという興味で手にとった。どんな時代にも颯爽《さっそう》とデビューする人がいますが、私の世代は中沢けいさんでした。私にとっては、思春期のもやもやしたものをかたちにしてくれたのがアンネ・フランクだとすると、その次の段階を表現してくれたのが中沢けいさんだったんです。今読み返しても、本当に恐るべき才能です。あの年代特有の、頭だけ大人だけどまだ芯は子どもみたいな恋愛の仕方って一種独特なものがある。特別好きな相手じゃないけど、ひとまずキスするとか、行為だけがポツンと先にあって、そこから始まる未熟者同士の恋愛とも言えない関係を描いている。

平松　女って、そういうことに対して貪欲なところがありますよね。ともかく手に入れておくというような。何か自分が覚悟していくためには、ひとまず持っておかなければ次にいけないとわかってるところがある。

小川　「僕はね、君じゃなくともよかったんだ」と言ったりするから、男の子の方がずるそうに見えるけれど、本当にずるいのは女の子ですね。彼女がお母さんから巣立っていくにはこの行為が必要だった。

平松　アンネがペーターを卒業したように。ずるいのかもしれないけど、でもそれも女の子独特の生命力なのかも知れないなと思うんです。何かを獲得しないと次にいけないということを、たぶん直感的に知っているから。自分の体の成長と心の成長が日々せめぎあっているようなあの年代って、次のために今がある。

小川　思わず笑ってしまったのは、彼女が「抱いて下さい」と言って、彼も「じゃあやるか」となって、ふたりが協力して部室の長椅子を並べるという描写があって。

平松　印象的な場面ですね。律儀に二つ運んで並べる。

小川　初めて結ばれる瞬間を描くのだから、ロマンチックにしようと思えばいくらでもできるだろうし、恋愛ごっこでも物語は成立するのだけれど、中沢けいさんはちゃんと長椅子を並べるところまで書く。ロマンチックを求めてはいる。でも長椅子は必要（笑）。

平松　そういう不器用な感じ、バランスの悪さも、あの年代ならでは。頭の中で考えていることとやっていることが、どこかちぐはぐ。

小川　このお母さんも、言ってみれば、普通のお母さんなんだと思うんですよ。高校生の娘が男の人と肉体関係を持ってしまったら「汚らわしい」って叫んじゃう。夜の海に行って「おとうさあん」って叫んじゃう。

平松　あれは強烈な場面ですね。

小川　母親の姿に、娘は、じゃあ自分は誰の名前を呼べばいいんだろうと思う。妊娠したかも知れないという現実をつきつけられた時に、自分の内側に自分自身でさえ踏み込めない暗黒の世界があると感じる。そこが神とか仏みたいな得体の知れないものたちと勝手につながりあっている。十七、八くらいの頃の、肉体と自我を一旦切り離して考えないと事が運ばない苦しさ、肉体と精神がギクシャクしてどうにも噛みあわない感じを、見事に文学にしています。

平松　自分で自分が制御できない、そういうものを自分が持っているんだっていうことに気づいてしまったおののきと恐れ。でもこれを母もまた持っているんだと。

小川　「母の中にも、私の中にも深い海があるのだと思う」「母は私の中の海を見つけてしまったのだ」。

平松　母にも、自分にも、自分で自分を司ることができないものが体の中にある。そのことの絶対的な意味みたいなものを女はわかっている。それってやっぱり、女の人独特の実感なんでしょうか。性にまつわることって、男の人の感覚とは全然違う。自分の体の中に、もしかしたら神とか仏に通じているかも知れないものが宿っている怖さをどこかで理解していかないと、女って生きていけないところがある。それを一生懸命学習していく過程が十代後半で、アンネのやり方だったり、ちひろちゃんのやり方だったり、この『海を感じる時』の主人公のやり方だったり、それぞれに懸命にくぐり抜けようとしている。

小川　それこそ学校の視聴覚教室では学べないことですよね。視聴覚教室でわかることって、ささやかな側面でしかなくて、本当に実感しなくてはならないのは、もっと漠然とした莫大なものです。

平松　たぶん自分の体を使わないとわからないことなのかも知れない。だから余計に「早くキスしないと」「早く経験しないと」って体ごとつかんでいこうとする。『パーマネント野ばら』も、私、すごく好きな作品なんですが、西原理恵子《さいばらりえこ》さんも海を描くことが多い。舞台になっているのが西原さんの出身地でもある高知で、そこでは海は救いの場でもあるし、逃げ場所でもあるし、ひとりだけの場所でもある。中沢さんが「母の中にも、私の中にも深い海があるのだと思う」という象徴の場としての海が、西原さんの中にもあるのですね。

小川　『パーマネント野ばら』に出てくる女たちは、自分たちは何も持ってないと思っている。それこそ持ってるのは体だけだ、生殖器だけだ。だから私たちが誰かに何かしてあげられるとしたら、それを差し出すしかないと思い込んでいるのが、せつない。

平松　それは、でも自虐の強さってことを、みんな、わかってるんだと思います。

小川　ああ。自虐なんですね。

平松　自分を笑う、自分に自虐の笑いを施していくことで、目の前のしんどさを越えていく。それは彼女たちの生活の知恵でもあって「自分には何もない」と言い放つことの強さを、私は逆に強く感じました。

小川　なるほどね。まぐろ屋のおかみさんが旦那さんを刺しちゃう傷害事件でさえ、こんなに笑ってしまうエピソードにする。そうしないとやっていけないという意味で言えば、なおこという出戻りの娘が好きな人に会いにいくんだけど、それは彼女のついた小さな嘘、幻だっていうのもそうですよね。読み手も薄々わかっているし、ここに出てくるなおこのお母さんも、友人たちも、みんなたぶん、幻を了解している。言わずもがなというのをわきまえた人たちなんですね。

平松　だからおじいちゃんが「人はなあ二回死ぬで　一回目は生きるのがやまってしまう時　二回目は人に忘れられてしまう時や　人の心の中におらんようになったらいよいよ最後なんや　今度こそ本当に死ぬ　二度と生きかえらん」と、少女のなおこに言う。そうやって彼女の中にいっぱい生きているいろんな人たちを、おじいちゃんが全肯定する。

小川　実体があろうがなかろうが、関係ないんだと。西原さんのエッセイを読むと、西原さん自身も高知の閉ざされた町の貧しさと暴力の負の連鎖から脱け出すためにもがいた人なんですね。この連鎖がなかなか断ち切れなくて、遺伝子に乗って引き継がれていく。

平松　だからこそ笑いが大きな救いになる。そこで笑えたら、何かひとつ終えることができますよね。

小川　ある種の決着をつけるみたいなね。

平松　極限の状況を笑うってことでは、アンネにもそういうユーモアがある。

小川　ありますね。ものすごく悲惨なことって、ある限界点を超えるとユーモアになる。また、それができるのが文学の力でもあるんでしょうね。

●生まれる時、自立する時、親が死ぬ時。人生には三回の裁ちバサミがある

平松　自分の中の女性性とどう向き合うのか。ルポライター・内澤旬子《うちざわじゅんこ》さんの『飼い

喰い』も、私にはそういう話のように読めました。『世界屠畜紀行』で世界の屠畜を取材した内澤さんは、乳がんを経験し、自分の女性性とどう向き合うかというのをつきつけられた時に、豚を飼って、豚を母として育てることにした。自分の産み育てる性みたいなものを、彼女はギリギリのタイミングで豚で行ったのではないか。それは本当にすごいことで、しかもそれを……。

小川　食べるんですものね。

平松　食べる、体内に入れる。

小川　どんなに母性を育てて、母性を豊かにしても、行きつく先は別れなのか。豚は食べるし、子どもは巣立っていく。この間、産婦人科の先生がテレビに出ていて、女性の子宮を超音波で映し出していたんです。排卵の時期は子宮が内側に向かって収縮する。つまり精子を迎え入れようとする。受精しないと出血するわけですが、そうすると今度は外側に向かって収縮する。それがもう、見ていると子宮自体が意識を持ってるとしか思えない動きなんです。検査されている本人は何にも感じていないし、コントロールできない。子宮自体が内側、外側って、ちゃんと向きをわかってやっている。

平松　生命体ですよね、ひとつの。

小川　ええ。それがまた潮の満ち引きとかお月様の満ち欠けとも関係しているというと

平松　ところに、命の神秘を感じます。そういうものを自分の体の中に持って生まれてしまった女性が、思春期に背負わされることの複雑さは底知れません。

『海を感じる時』の主人公も「私と母は、しょせん生理の血でつながっている」「その血管を一刀両断にしたかった」と書いていて、生まれるということは、当然、生理の血でつながっているに違いないんですけど、あらためてそう言われると、その気味悪さ、許し難い感じ、逃げられなさを感じます。へその緒で一回、一刀両断はされているんですけど、もう一回、自分の力で断ち切らなければならないときがあるんじゃないか。

小川　極めて精神的にハサミを入れなければいけない時がある。

平松　それはもう、根源的な欲求としてね。へその緒を切ったのは他者だけど、今度は自分の手で断ち切るんだっていうのがある。自分で断ち切らないと、次にいけないから。

小川　その時は、おそらく切られる母親の方が痛いんでしょうね。切る方の娘は、勇気とか決断とかいろいろ要るだろうけど、スパッといっちゃいそう。

平松　でも人によっては一刀両断を望んでも、実際には一刀両断出来なくて、もがき苦しんでいるわけですよね。たぶんそれぞれの一刀両断の仕方があって、そこに文学が生まれていくのだと思います。

小川　母は娘を愛し、娘は母を敬い、うまくいって人間として当然だと思い込んできたけど、実はそうじゃない。愛されることによって娘が押しつぶされてしまうこともあるということを、佐野洋子《さのようこ》さん、鹿島田真希《かしまだまき》さん始め、いろいろな作家たちが書き始めた。

平松　どうありたいかということで言えば、私自身にとっては『パリから？』の増井和子さんのあの距離感は理想的ではあるのだけれど。

小川　ただ、ああなるためには、ある種の努力、学習が必要ですね。無意識にやっていたら、いつまで経っても、あんな自立した親子関係は築けないだろうし、親離れ子離れも出来ない。『キス』も、父と娘の近親相姦の話ではあるけれど、問題の根っこは結局母親なんですね。

平松　主人公は、母親が十七歳のときに恋をしてそのとき生まれた娘で、母親はすでに離婚しています。自分は母親の反抗心から生まれた存在なんだって、出発点からして全否定で始まっているんですね。この母親も、自分の母親とうまくいってなくて。

小川　おばあちゃんに「だれよりもおばあちゃんのことが好き」って無邪気に言うと、「いいえ、違うわ」「あなたが一番愛しているのは、お母さん」と言われる場面も、印象的です。普通は孫が自分のことを「一番好き」と言ったら、おお、そうかそうかで済む話なのに、どうしてこんなことを言うのか。それって、実はこのおばあちゃんも自分の娘からそんなふうに愛されたかったのに、十分にそれを受け取れなかった、という欠落を抱えている。ひと世代前のゆがんだ親子関係が、孫の代に連鎖している。

平松　『キス』は、祖母と母と自分、女三代の関係が錯綜《さくそう》していく話でもある。しかも、拒食症のエピソードが象徴的だと思うのですが、体の問題と家族の問題が切り離し難く結びついています。

小川　この人が拒食症になったのは単に痩せたいからという表面的なことじゃなくて、食べないで、どんどんちっちゃくなっていけば、お母さんの目に入らなくなるからだと。

平松　痩せて、存在感を消していくことが「母を締めだす策略」であるというね。

小川　愛されているという手応えが欲しくて、自分の体を痛めつけるという方向に行ってしまう。ギュッと抱きしめてもらったり「お前、かわいいね」と言ってもらったりするような喜びを通した実感が得られないから、逆に自分の肉体を痛めつけることで、自分はここにいるということを実感しようとする。めまいがするような絶食の喜びを通して、やっと、実感できるんですね、自分の体、自分の存在を。もうひとつ、象徴的なのが、お母さんが大学生になる娘を産婦人科に連れていって、避妊手術をさせる。それも処女膜を破ってペッサリーを入れるというのがね。

小川　ペッサリーって、当時は避妊手段として一般的だったんでしょうか。

平松　本来なら外界とつながっているはずの筒状の女性の体に強制的に栓をしちゃう。どう見ても、娘をケアするという意味の避妊ではないですよね。

小川　自分のコントロールの範囲内におさめて、そこから飛び出さないようにという母の企みを、そのまま現実化した手術です。この母は、自分が正しいと思ったことを娘がした時にしか愛してくれない母なんですね。

平松　「見る」という行為にも、愛されたい人から愛してもらえない主人公の飢餓感があらわれていますね。母親はずっとサテン地のアイマスクをしていて、娘は、自分は見てもらえない、拒否されていると感じている。

小川　十年ぶりに父親と再会したのは、娘がそういう愛情的な飢餓状態にあった時なんですね。お父さんに見つめられると、自分はこの人にとって特別な存在なんだと思うことが出来た。そんなふうに見つめられたことがそれまでなかったから、受け取り方を間違えてしまう。この父と娘をより結びつけてしまうのがお母さんで、父と娘は同じひとりの女性に欠落を与えられた者同士として結束する。

平松　お父さんが牧師というのがまた逃げ場のない感じがする。「おまえは神がわたしにくださったものなんだ」という言い方をするんだけれども、全部を神の摂理として受け入れるほかないところに娘を追い込んでいく。

小川　神様を持ち出されたら、どうしようもないですよね。反論の余地がない。しかも教会の一室で性交したりする。その時にお父さんは「まるで我慢しているというようなその態度はなんだ！」と娘を責めたりする。一線を越える時も、娘はそうしたいからするんじゃなくて、お父さんの欲望に抵抗することに疲れてそうなってしまう。

平松　このお父さんの描き方はいかにもキリスト教的、ロゴス的な感じがして、人間が描けていない感じもしてしまうんですけどね。

小川　絶望的なまでに出口がない。ここまでこじらせてしまったら、どうすればいいのか。母娘関係で傷ついている娘を治す方法の一つは、母親から離れさせることだそうですね。物理的な距離を置く。連絡もしない。でも専門家の助けがないと、なかなかそれができない。母親の方は愛情だと信じて疑っていないから、娘は拒否できないんでしょうね。誕生日だからとプレゼントを持って会いに行ったりする。第三者から見ると、そんなにお母さんのことが重荷なら、連絡しなきゃいいじゃないかと思うのに、いつまでも裁ちバサミが入れられない。

平松　血のつながりというのは、ある意味、そのくらい強固で、どこまでもついてくる課題なのかもしれない。私自身、この年になっても、まだその問題は終わっていないんだなと感じています。

小川　お母様はご健在ですか？

平松　はい。先日、詩人の伊藤比呂美《いとうひろみ》さんと対談したときも、やっぱり、伊藤さんがおっしゃっていました。「親が死なないとわかんなかった」って。

小川　それが三度目の裁ちバサミですね、きっと。親が死ぬ時というのが。

平松　お父さんを看取られて、自分がお父さんにどんなにとらわれていたのかっていうことを話してくださったのですが、すごく印象的だったのが、比呂美さん、生卵がすごく好きで、お昼になると生卵を割って、ちゃっちゃっちゃっと三回だけかき混ぜて、お醤油をちょっと垂らして、蛇みたいにするんだって。卵かけごはんも好きで「卵、食べ過ぎだ」って言うから、「一日に一個くらい大丈夫じゃないですか」って言ったら「ひどいと一日に五回も六回も」って。

小川　それはすごい（笑）。

平松　あるとき、お父さんの病室にも卵を持っていって「お父さん、卵かけごはん、食べる？」と訊いたら、お父さんも食べたいと言う。そうしたらお父さんが「いやあ、比呂美。母さんが卵かけごはんをよーくかき混ぜてつくるんだけど、俺はずっとあれが嫌いだった」って。比呂美さんも混ぜるのが嫌いだから、お父さんとふたりで、病室で卵をそうやって何個も何個も食べたという。それで私、「これ

小川　は伊藤さんだから、こういう言い方で訊くのですが、それはお母さんに対しての復讐《ふくしゅう》のような要素が含まれていましたか」と。そうしたら比呂美さん、ハッとした顔になって。

平松　面白い。それは相当深いつながりがありますね。食べ物の恨みというんじゃないけれど、何かそのたびにちょっとずつ気になることっていうのは、やはり消化されないでずっと残っている。

小川　卵というのも象徴的ですよね。それ自体がひとつの生命体じゃないですか。もちろん自分の体の中にも卵があるわけで、男の人は卵焼きにおふくろの味的な郷愁みたいなものを感じるとか。晩年、お父さんは家族で撮った写真を見ると、比呂美さんを指して「母さんがな、母さんがな」っておっしゃったそうです。

平松　間違えちゃうんですね。

小川　比呂美さんはそれを見ながら「父の隣に母がいる。この父の隣にいるべきは自分だっていつも思っていたのに」。何かとても神話的な話だなと。最初にへその緒を断って生まれてきて、次に自立するために自分で振るう裁ちバサミがあって、そうして親が死ぬことが三度目の裁ちバサミになる——。

平松　ですから、死ぬことは決して悪いことではないんですよね。

小川　そうですね。そう言えば『キス』も、母親が死んで終わる。

小川　あのお母さんは死ぬことで初めて、母親としてまっとうな役割を果たせた。なんて救いのない話でしょう。

平松　でも母親って、死ぬことで全部を与えるといいますか。

小川　解放するというかね。お母さんの立場に立ってみれば、死んで、娘を救うっていう感じですよね。そのために死ねるんだったら、お母さんとしては幸せですよ。

平松　そういう存在なのかも知れませんね。命を以《もっ》て命を肯定する。産むときもそうですよね。母親というものは、あらかじめそういう役割が課せられている存在なのかもしれない。

小川　自分が今この年になり、息子も巣立っていった後になると、母親の気持ちもわかる時がきますけどね。それこそ増井さんが巣立っていく娘を思う時の気持ち、「基礎工事はいつのまにか終っていて」、「いまになって気がついて、柱が歪んでいる、窓が小さすぎるとわめいても、手遅れである」というあのひと言が、今読むと、ものすごく実感としてわかるんです。私も一生懸命、二十何年子どもを育てたのに、残った感触って「やれやれ、無事に巣立ってくれた」という達成感とか喜びではなく、「もう取り返しがつかないんだ」という手遅れ感でしたから。

平松　えっ、そうなんですか。

小川　ええ。でもそれは息子に対する手遅れ感ではなくて、息子がちひろちゃんぐらいだった頃はこんなに豊かな時間が詰まっていたはずなのに、自分はそれに気づいていなかったという、自分に対する後悔、手遅れ感です。朝からとんかつ揚げてお弁当箱に詰めていた時に、なんであんなに不満たらたらやっていたんだろうと(苦笑)。本当はそれは感謝すべきことだったのに、どうしていつも自分は面倒くさい面倒くさいと思いながらやっていたんだろうか、私って馬鹿だなと。どんなことでも取り返しがつかないんだけれど、子育ては最も徹底的に取り返しがつかない。ですから、子どもとしての私も愚かだったけれど、親としての私も愚かだった。ああ、そうか、ということは、つまり自分の親も若い愚かな親だったんだなあと。自分の後悔によって、過去の人々を許せるようになったということでしょうか。

平松　そうして、その先に恩寵《おんちょう》、とまではいかなくても、自分が死ななければ手渡せない何かが明らかにあるのだと思うと、死ぬことも意義深いですよね。

小川　そうですね。無になることじゃない。それが今日の結論ですね。

平松　死ぬことは無になることじゃない。

小川　死なないと手渡してあげられないものがある。死ぬことで、遺された人たちは新たな地平に行くことができる。だとすれば、自分にも生きて死ぬ意味がある。すごく意味のある、いい結論が出てきましたね。しかも思いがけない結論が。

平松　そう言えば、髙樹《たかぎ》のぶ子《こ》さんが何かの対談でおっしゃっていたのですが「女にとって男は人生のお客様」って。おなか抱えて笑いつつ、なんと恐ろしいと思った（笑）。

小川　なるほどね。来ては去り、通り過ぎていく。

平松　『パーマネント野ばら』もそうですよね。基本的に男たちは通り過ぎてゆく。それこそ風景みたいに。

小川　男は風景。そうかそうか。そう思えば、いいんですね（笑）。

&〈忘れられないあの味、この味〉

小川　思い出の味といえば、讃岐《さぬき》うどんは、今では東京でも食べられるようになりましたけど、ぶっかけうどんって、子どもの頃はなかったような気がしませんか。

平松　あれは私にとっても新しい食べ物です。

小川　ですよね。自分を基準にすれば、あとから汁をかけるあの形式は邪道なので、どうしてもきつねうどんや天ぷらうどんを頼んでしまいます。

平松　おだしも金色だと安心します。やっぱり食べることって、記憶を食べることでもあるなあ、とつくづく思います。その思いは年を重ねれば重ねるほど強くなっていく気がします。

小川　初めて食べるものに対する抵抗感が強いのも、そういうことなのかも知れませんね。記憶の積み重ねのないものを食べる時は、生物として本能的に警戒感が湧《わ》く。食べ慣れたものには、記憶という名の美味しさがすでに沁《し》みこんでいる。おうどんの記憶でいちばん鮮烈なのは宇高《うこう》連絡船で売っていた立ち食いの讃岐うどんです。母が高松《たかまつ》の出身で祖父母が住んでいたので、よく宇高連絡船に乗ったんですが、これがもう絶品でした。プラスチックのおわんで、かまぼことネギくらいしか入っていないんですけど、デッキの上で潮風に当たりながら食べる讃岐うどんは本当に美味しくて、いまだに死ぬ前はあれを食べたいと思うくらいです。

平松　わあ、おいしそう！　潮風もりっぱなごちそうですねえ。聞いているだけで、もうたまらない（笑）。

小川　今は瀬戸《せと》大橋が出来たので連絡船自体がなくなって、幻のうどんになってしまいました。子どもの頃、あまり外食の習慣がなかったので、連絡船で食べるおうどんは、私には特別の体験だったというのもあると思います。

平松　そう言えば私の連れ合いは松山《まつやま》出身で、あの宇高連絡船のうどんのことはよく覚えている、すごくおいしかったと話していたのをいま思い出しました。ここでそんな話が出るとは！　食べてみたかったなあ、幻のうどん。私たちが子どもの頃って、滅多に外食はしませんでしたよね。

小川　あの頃はどんなおうちもそうでしたよね。天満屋の上でカレーとかお子様ランチを食べるのなんて、それこそ年に一回くらいしかなかった。

平松　天満屋！　懐かしいデパートです。最上階に大食堂がありましたね！

小川　食券を買って食べる。あれが最大の外食。
平松　私、着替えました。
小川　昔はよそゆきという服がありましたよね。
平松　家族で外食に出かけるときは、子どもたちはよそゆきのワンピースに着替えて。
小川　レースがついた白いソックスをはいて、パチンとストラップをとめる靴を履いてね。特別な日の食べ物では岡山だと祭り寿司がありますよね。
平松　その話になると長いですよ（笑）。
小川　わかります。うちの母も同じでしたから（笑）。かんぴょうを戻すところから始めて、シイタケはシイタケ、ゴボウはゴボウ、一個一個の具を丁寧につくっていく。とにかくご飯が見えないくらい具がいっぱいで。
平松　まさに満艦飾。あの丁寧さ、細かさは視覚体験としても圧倒的でした。あの労力ひとつとっても、本当に贅沢だと思います。
小川　私もあれは忘れられません。おばあちゃんと母がふたりで、白身魚をお酢でしめたり、錦糸卵を糸のように切ったりね。そしてご飯が炊きあがれば、私たちの出番です（笑）。
平松　はい。飯台に広げて、あおぐ係（笑）。せっかく遊んでいたのに、と気

小川　のない感じでやると、「もっと強く！」とか言われちゃう。

平松　そう。いい加減にやっていると叱られる。音がするくらいバタバタあおいで急激に冷まさないとご飯にお酢が入らないから。

小川　テーブルの上には前夜から用意した具が何種類もずらっと並んでいて、戻した干しシイタケを絞るジュッという音とか、ほうれん草をゆがいて、ざっとゆでこぼすときの白い湯気とか、そのときにほうれん草ってこんなにアクが出るんだって驚いたことも覚えています。「ちらっと見る」だけなんですけど、意外と集中して見ている。あとになって思うのですが、「ちらっと見る」って大事ですね。

平松　その時の母の水に濡れてぽっちゃりした手なんかを思い出します。まさに働く人の手でした。

小川　本当に。おにぎりを握っているときの手も、ほっほっと握っていくうちにだんだん赤くなっていって、半ばやけど。子ども心にも申し訳なくて。

平松　そうやって苦労してつくるのに、巻き寿司でも自分は端っこしか食べないし、お魚だったら自分はしっぽの方。見栄えのいい、美味しいところは家族に食べさせて、母はそうじゃないところを食べていました。

小川　はい。うちの母もそうでした。でも、申し訳ないと思いながらうれしさが上回ったのは、そのときに母が何か満ち足りた、何か満足そうな顔をしていたからのように思います。

小川　そういうのが料理の喜びなんでしょうね。平松さんがエッセイで「鍋のまえに立つ者しか決して知ることのできない興奮がある」と書かれていて、ああ、なるほど、と。自分も主婦になってようやく、満足そうに残り物や端っこを食べていた母の喜びとか興奮を共有できたような感じがするんですよ。

第三章　家を出る

美味放浪記
檀　一雄
中公文庫
香港
旅の雑学ノート
山口文憲
暗い旅
倉橋由美子
十一面観音巡礼
白洲正子
新潮社
DVD
道
リンさんの小さな子
フィリップ・クローデル
みすず書房
インド夜想曲
アントニオ・タブッキ
白水uブックス
99

小川洋子の2冊と1本

『インド夜想曲』 アントニオ・タブッキ　須賀敦子訳
(白水Uブックス　1993年)
失踪した友人を捜してインドを旅する主人公。ホテルとは名ばかりのスラム街の宿。むせかえるような匂いの夜の病院。バス停で出会う美しい目の少年。須賀敦子の名訳も光る、イタリア文学の鬼才タブッキが描く12の夜の物語。

『リンさんの小さな子』 フィリップ・クローデル　高橋啓訳
(みすず書房　2005年)
戦争で家族を失い、遺されたのは生後6週間の孫娘だけ。難民となったリンさんは公園のベンチでバルクさんと出会う。バルクさんもまた大切な人を亡くしていた。言葉は通じないが境遇の似たふたりは次第に心を通わせるようになる。

映画 **『道』** フェデリコ・フェリーニ監督
(1954年製作　イタリア作品／DVD発売元：アイ・ヴィー・シー)
旅芸人のザンパノ（アンソニー・クイン）はジェルソミーナ（ジュリエッタ・マシーナ）を母親から買い取り、共に旅をする。ニーノ・ロータの哀切な音楽も耳に残る、アカデミー賞外国語映画賞を受賞したフェリーニの代表作。

平松洋子の5冊

『香港 旅の雑学ノート』 山口文憲
（ダイヤモンド社　1979年）

1976年に渡航。返還前のカオスな街の虜となり、1年間暮らした著者による香港ガイド・エッセイ。ショッピングと高級料理以外なら何でもアリ。ひしめく看板から街を解剖するなど、歩いて見て書く街歩きのパイオニアのデビュー作。

『美味放浪記』 檀一雄
（中公文庫　1976年）

「もとより私は、云うところの美食家でも、趣味家でもない」。その言葉通り、土地の人と酒を酌み交わし、市場を見て回っては自分流に料理する。放浪の作家による食紀行は無手勝流。前半が国内編、後半が海外編になっている。

『十一面観音巡礼』 白洲正子
（新潮社　1975年）

奈良の聖林寺の十一面観音に始まり、心の求めるまま各地を訪ね歩く。本書をはじめ『西国巡礼』『かくれ里』などの名紀行を執筆したのは50代以降。自らの足とひらめきで仏の実相に迫る。体験と深い見識がひとつに溶け合う見事な筆致。

『インド夜想曲』 アントニオ・タブッキ　須賀敦子訳
（白水Uブックス　1993年）

断章に思えたものが次第に意味ありげに思えてくる構成と幕切れの妙。聖と俗が混沌とするインドを舞台にしたミステリアスな内面的紀行文学であり、幻想的な異国情緒に引きこまれる。タブッキは2012年没。

『暗い旅』 倉橋由美子
（東都書房　1961年）

恋人の「かれ」が突然の失踪。「あなた」は失われた愛を求めて東京から鎌倉、京都へと旅立つ。それは過去への旅でもある。著者初の長編。二人称で書かれた実験的小説。「作者からあなたに」を収録。

●映画『道』で、大人になった自分を知る

平松　少女時代、思春期ときて、今回のテーマは「家を出る」。それはもちろん旅でもいいけれど、物理的な意味だけではなくて精神的な意味でも、自分の地図が広がる瞬間について。

小川　少し踏み出して自分を獲得していく過程、自立の前夜みたいなことですよね。

平松　小川さんが今回フェリーニの映画『道』を挙げてくださっていたので、ずいぶん久しぶりに観ました。初めて『道』を観たのは三十年以上前、たしか飯田橋《いいだばし》のギンレイホールで観たのですが、ともかく目がなくなるくらい号泣して。その後に何回か観た時も、嗚咽《おえつ》した記憶があるんです。だから今回もまた泣くのかと思って、ちょっと気が重い感じで観たのですが、もう、あの頃のような泣き方、涙の出方は全然しなくて、やっぱり自分も大人になったんだなあと。

小川　私は大学生の時にクライ会というのをつくっていまして、そのメンバーで早稲田《わせだ》のミニシアターで観たんです。

平松　クライ会？　それはどういう……。

小川　C、R、Yと書いて、CRY会と言うんですけど、男二人、女二人の小さな集ま

りで、一か月に一回くらい自分が味わった暗い体験を語り合う。まあ、ただそれだけの会です。

平松　やっぱり暗い会（笑）。

小川　カウンセリングみたいなものですね、今から思えば。『なんとなく、クリスタル』がベストセラーになって、華やかな女子大生がもてはやされた時代でしたから、文学を語ったり、同人誌をつくったりっていうのは「ネクラ」と言われて肩身が狭かったのです。それを逆手にとって、みんながテニスサークルや合コンに励んでいる間、私たちは『道』を観て、ルノアールで暗い話を（笑）。

平松　それはそれで、ある種のカタルシスがありそう。私たちはそっちにはいかない、というアンチの姿勢？

小川　そこまでの意識の高さはありません。単なるひがみですね。CRY会の会合の中でも『道』の鑑賞は最も強烈な思い出です。若い時は、やはりジェルソミーナがかわいそうだって感情移入するんですよね。でも今の年齢で観ると、ジェルソミーナでもない、ザンパノでもない立場で観ている自分を発見して、これが大人になることかと思いました。ジェルソミーナって、セリフと言ってもほとんど「ザンパノ」しか言っていない印象です。旅芸人のザンパノに売られていくことが決まる最初の掘っ立て小屋の場面でも、お母さんはずっとしゃべり続けているんで

平松　すけど、ジェルソミーナは表情だけのお芝居です。そのときに、海を凄《すさ》まじい目で見る。あの目、あの強烈な表情がずっと映像の奥にある感じがしますよね。火を見るときのあの表情にしても、何か自然のものに発動する原初の人間性みたいなものが、彼女の心の中にずっとあり続けている。

小川　「あさっては雨が降るよ」と予言的なことを言ったりもしますが、そこに聖少女みたいなパターン化された清らかさがあるわけではない。ひどい悪声だし、何歳かもわからないような風貌です。少女なのかおばさんなのか、人間なのか人間じゃないのかみたいな、危うい境界線にいる。

平松　ジェルソミーナのあの目って、銅版画家の南桂子《みなみけいこ》さんの銅版画の女の子の視線と重なるものがありませんか。対象のその向こうにあるものをすーっと見通している……。

小川　あっ、本当におっしゃる通りですね。ほかの誰も感じ取れない、彼女にしか見えないものを見つめている目。ザンパノと初めて一夜を過ごした時の、泣いているんだけど、笑っている、涙を拭《ふ》きながら、かすかに笑う、あの目なんて感情を突き抜けた世界を映し出しているようです。

平松　道化の泣き笑いの悲しさがありますよね。

小川　この間、ゴリラの研究者の山極壽一《やまぎわじゆいち》さんから教えていただいたことを、今思い出しました。類人猿とヒトの間にはもちろんいろいろな違いがあるのですが、こんなに白目がくっきりしているのはヒトだけなんだそうです。これだけくっきりとした白目があると、瞳の中に映る動きはごまかせない。目の動きで心の内を読まれないように、人間は言葉を編み出し、だんだん相手との距離を延ばしていったんじゃないかという話をうかがって、なるほどなあと思いました。ジェルソミーナの瞳って、まさにそれですよね。ほとんど「ザンパノ」しか言ってなくとも、心の動きは全部わかる。言葉で説明されないからこそ、かえって直截《ちょくせつ》に伝わってくるものがある。その瞳の奥でジェルソミーナと私は何か共有しているという感じがしました。

平松　誰かと理解しあいたいのにどうしても出来ない絶望感とか諦《あきら》めって、生きていけば、誰もが経験すると思うのですが、ジェルソミーナの瞳の奥に映っているのは、あるいはそれかも知れない。この何十年かの間に、自分も現実的にそういう経験をたくさんしてきたから、若い頃のような涙の出方はしなかったんだろうなあと、私自身にとっても、何か新しい発見をしたようで、すごく新鮮な『道』でした。ザンパノも「ジェルソミーナがいれば、とりあえずひとりじゃない」という、どこか利便的な関係から始まって、最初は何の理解も成立していないし、お互いにズレているんだけど、一緒に旅をしていくうち、お互いの感情がズレつつ育っていく。人って理解しあえていなくても誰かが必要で、そういう中で理解しあう手立てを必死で見つけようとするんだなと。そう考えると、小川さんが挙げてくださった『リンさんの小さな子』と重なる感じもします。

小川　そうですね。私が『リンさんの小さな子』を選んだのは「旅に出る」ということは、物理的な意味も精神的な意味も含めて「言葉が通じにくくなる」という体験をすることだと思ったからなんです。家の中で家族に守られている間は、お互いが了解しあった言葉で語るし、あるいは語らなくてもうまくやっていけるんだけれど、家を出て外の世界に踏み出した時に、言語感覚の全く違う他人とやりとりしなければならなくなる。そこには常に苦痛が伴い、努力が必要とされる。戦争で故郷を追われて、難民として異国にいるリンさんは、まさにそういう状態にあるわけですよね。ところがリンさんの場合、言葉が通じないのに、なぜか心が通じあう人と出会う。そうか、言葉が通じなくても共有できるものはあるんだなあと気付かされる。リンさんが最初にお互いに理解出来ていると思ったのは、人間でさえない、人形です。ヒトガタ、究極に言葉をしゃべらないものですよね。でも祖国を離れる時、その人形を抱いて船に乗ることが必要だった。リンさんにとってその人形は、ある意味、ジェルソミーナ的なものだったんでしょうね。

平松　ジェルソミーナとザンパノだって最初はお互いほとんど人形みたいなものですよ

小川　ね。意思を通じあわせようとしても、嚙みあわないし、すれ違うばかりで。言葉では通じあわないし、共有できるものも何もないんだけど、でも「自分の目の前に何者かがいる」ということが、その人がそこにいる意味を支えている。山極さんがおっしゃっていたんですけど、結局人間とは何かを考えようと思ったら、ゴリラに映してみなくちゃいけないと。それと同じで、自分とは何者かを考える時も、たぶん自分を映してくれる何かが必要で、それは人形でもいいし、まったく言葉の通じない相手でもいい。人格は関係ないんでしょうね、きっと。

平松　日本語には「旅は道連れ」という言葉があるけど、お互いに仲良くなくても、たとえ理解しあえなくても、人は道連れを欲する。

小川　この場合の「旅」は物見遊山のそれではないぶん、切実ですよね。ザンパノも、リンさんも、移動することでしか生きられない人たちだから。ジェルソミーナがトマトの種を植えるシーンがあって、ザンパノは「トマトが育つまで待つ気か」ってバカにするでしょう。そんなことしたって、ここにはもういられない、収穫は見られないんだからって。リンさんも生まれ育ったところを脱出しなければ生き延びられなかったわけで、一点に留まれないことを宿命づけられた人たちが背負う何とも言えない悲しみがあります。

平松　どこかに進むしかない人生。でもだからこそ人を求めるのかもしれませんね。もう十年くらい前になるんですけど、モンゴルの遊牧民の人たちを訪ねたことがあるんです。北京《ペキン》からまずウランバートルまで行って、そこから車でさらに三時間くらい行ったところで「たぶん何キロ先からあそこの家族が来るから」って教わって、ぽつんと置き去り。地平線しか見えない大草原で待っていると、何もない遥か地平線の向こうから……。

小川　来るんですか。

平松　来るんです。予定よりだいぶ到着が遅れたみたいで、すっかり日が傾いていたんですが、電気なんて何もない月明かりの下で、まったく何もない時点からゲルが建ち上がるところまで見届けて。

小川　全部馬に積んでいくんですか。あのゲルみたいなものも。

平松　そうです、全部。だからすごい大荷物なんです。あのゲルは羊の皮でできていて、十二本くらいある柱を、深く穴を掘って立てていく。彼らは常に移動しながら生活しているから、季節のうつろい、風の動き、どこに馬や牛や羊の好きな草が生えているのか、どの季節に羊は子どもを産むのか、気候風土と動物の生態が全部、頭の中に入っていて。もちろん快適さも求めるけれど、自分たちの生活を成り立たせるための移動なんです。最近はウランバートルも都会なので、家族はゲルで暮らしながら、子どもたちは町の学校の寮に入っていることも多いのですが。でも十五歳になると男の子は羊を屠《ほふ》るんですよ。

小川　ああ。成人の儀式として。

平松　そう、いわば元服のような儀式。心臓のところにナイフをぐっと入れて、それをそのまま、こう……つまり外に血を出してしまうとオオカミが嗅ぎつけて来るから、自分たちが危ない。それでナイフを握った自分の手をそのまま切り口から入れていって、探り当てた動脈を切り、血を外に漏らさないようにして屠る。

小川　わあ、すごい。理にかなってる。

平松　ええ。そんなふうにナイフを動かすためには、やっぱり羊の体の構造も全部わかっていなければならない。だから男の子が十代半ばになると、親が直接教えるんですね。大草原を移動しながら生きるということは、そういうことも全部覚えて自力で生きていかなければならない。

小川　旅をする人生は人間としての総合力が問われますよね。一点にとどまって、コンピュータだけで仕事をしている人間と比べて、星は読まなくちゃいけない、風のことも知ってなくちゃいけない、動物の骨格についての知識も必要。もちろん体力も要るし、人と仲良くやっていく協調性も要る。バランスよくさまざまな種類の能力を備えていないといけない。

平松　彼らのそういう暮らしぶりを目の当たりにすると、地球に何かあったときに一番最後まで生き延びるのはモンゴルの遊牧民の人たちだとさえ思いました。乳製品をつくるにしても何種類にも細分化されているし、星を読むにしてもコンパスを持っているわけじゃない。自分がどこにいるかを感得して見極める。生きていく術が全部、自分の中にあるんです。余談ですけど、そのゲルで、私、一家のおじいちゃんのベッドを提供してもらったみたいで、夜、もぞもぞと着替えていたら、隅の方でおじいちゃんが、こう、そっと手で目を覆って、でも指のすき間から……。

小川　ふふ。見ちゃいけない、でもちょっと見たい（笑）。

平松　うん。もう、その目がね、かわいくて、すごくかわいくて（笑）。

小川　やっぱり、目はウソをつかないんですよ。

平松　ほんとに。あのときのおじいちゃんの、あの人間的な目がいまだに忘れられません。

●上京という旅立ち。母の涙は通過儀礼

小川　平松さんはきっとたくさんの旅をされてきたと思うのですが、初めて自分でした旅って覚えていますか。

平松　ひとりで？

小川　はい。
平松　高校三年生の春休みに行き先も決めないで山陽本線に乗ったんですよ。
小川　あら。檀一雄《だんかずお》じゃないですか（笑）。
平松　そんないいものじゃないんですけど（笑）。でも私にとってあれは旅そのものだったなあ、と。違和感たっぷりの中学、高校時代があって、これでようやっと、ここではないどこかに行けるって思った。自分ではその第一歩みたいなつもりで解放感があったから、そうやってひとりで電車に乗ること、行き先も決めないでどこかに行くという行為自体に意味があって、それで満足しちゃって、どこで折り返したのかも覚えてない。
小川　それこそ改札の外にも出なかったくらいの。
平松　かも知れないですね。でも車窓のうららかな感じは今もしっかり覚えている。
小川　いい季節ですよね。三月の春先の。
平松　そう。四人掛けのボックス席にひとりで座って、窓の外を流れていく景色をぼんやりと眺めながら、自分で自分の旅立ちを寿いだという感じです。そのときにひとつ面白い話があって、通路を挟んで隣の席に二十代後半の男の人たちがいて「どこから来たの？」とか会話して住所を交換して別れたんですけど、それが今のS出版社の社長のTさん。

小川　えーっ。なんという偶然。
平松　まったくの行き遇《あ》いの、ただ縁としか言えない出会い。当時、Tさんはすでに会社員でいらしたのですが、学生時代の同級生と旅行されていたようで、後日、当時九段下にあったインド料理店のアジャンタでみんなと再会しました。
小川　それはかなり発展してるじゃないですか。田舎の電車であまりないことですよ。
平松　面白いでしょう。私、十八ですよ、そのとき。
小川　あの時の電車で偶然出会った人がやがて平松洋子さんとなって、のちにもう一回、出会う。
平松　ほんとうに不思議ですよね。
小川　上京される時はひとりでしたか。お母さんはついて来られました?
平松　もちろんついてきました。前に少しお話ししたかも知れないんですが、私、親に国立《くにたち》にある修道院の寮に入れられちゃったんです。
小川　ああ。「東京に行くんなら、そこに入りなさい」と。
平松　そう。行き先も決めずに電車に乗ったあのときは、これで制服ともようやくお別れだし、新たな旅立ちのようなハッとするものがあったのに、いざ上京するとなったら、またもや親の監視下に置かれて。あれは不本意な旅のはじまりという感じでしたね。

小川　やっぱり、十八で上京するというのは人生の決定的な旅でしたよね。結構、門限とかも厳しい寮だったんですか。
平松　それはもう厳しくて。九時には強固な鉄の門がガッシャーン。
小川　厳しいですねえ。国立って言ったら都心から結構離れているのに。
平松　一時間の遅延が認められているんですけど、三日前までに遅延届を出さないといけなくて、そこには遅れる理由も書かなきゃならない。
小川　じゃあ、外泊なんてもってのほか。
平松　外泊届というのがあって、親のハンコが要るんです。
小川　ええーっ。ハンコが。
平松　そういうところだったんです（笑）。私が大学三年生のときに、妹が武蔵野《むさしの》音大のピアノ科に進学して、ふたりで住むようになるので、それまでの二年間だったんですけどね。小川さんも金光《こんこう》教の寮に入られたんですよね。
小川　ええ。でもそれは経済的な理由が一番大きかったです。ひと月千円なんですよ。一年分まとめて払っても、一万二千円だったので。
平松　それはお値打ちというか、ただ同然。
小川　信者さんだけが入れるというところだったんですけどね。武蔵小金井《むさしこがねい》にあるちっちゃい普通の一軒家で、定員も五人くらい。しかも道路を挟んで真向かいが派出所だから、アルソックがただでついてるのと同じです（笑）。

平松　寮には男性もいたんですか。

小川　男子はちょっと離れたところに、きちんとした寮がありました。最初はたぶん男子寮しか必要なかったんでしょうね。進学のために女子で上京してくる人があまりいなかったんだと思います。寮と言っても名ばかりで、今風に言えば、シェアハウスみたいな感じです。卵を買ってきても、いちいち自分の名前を書いておいたりとか、一週間に何回お風呂を沸かすかを会議で決めたりとか、そういうひとつひとつがもう楽しくてね。門限もなかったし、非常に自由な寮だったので、私自身としてはもうすっかり親から自立できたみたいな気分でいたんです。ただ最初、母が一緒に上京したんですけどね。お布団とかこまごましたものを武蔵小金井の西友《せいゆう》で一緒に買い物して、駅で別れる時に泣いたんですよ、母が。

平松　うちの母も泣きました。

小川　そうですか。でもどうして泣くんだろうって不思議でした。なぜ泣くのか、私はその時、わからなかったんです。もちろん今はすごくよくわかるんですけど、あの時、母は泣きながら改札を入っていったんです。

平松　武蔵小金井の駅の改札を。

小川　はい。

平松　私は国立だったんです。

小川　同じ沿線ですね。きっと今でもこの季節になると、同じような光景があちこちの改札で……。モンゴルで十五歳の少年が初めて羊を捌《さば》くような、そういうイニシエーションが人間には必要なんでしょうね。改札口で泣いている母とそれが理解できない娘が別れるというのも、ひとつの儀式みたいなものかも知れません。

平松　私は駅じゃなくて、一緒にお店に入って、おうどんを食べたんです。そうしたら母が途中でふっと手を止めて、お箸を置くと感に堪えないような表情を。

小川　ああ。それは東京のお醬油味のおうどんがまずかったからではなく（笑）。

平松　たぶんそういうことではなく（笑）。ふっと感情が満ちたようなたたずまいになって。そのときの母の様子をすごくよく覚えています。

小川　きっとそれがお母さんにとってのイニシエーションなんですね。親が通らなければならない道。でもそれは慰めてあげることは出来ないんですよ、娘はね。こっちはもう、自分のことで頭がいっぱい。

平松　察知はしていても、やっと制服を脱げたのに、やっと自由になれたのに、残していく人の気持ちを考える余裕なんかないですよね。そうじゃないと自由になれないんだったら、娘にとっても、これは受け入れるほかない長期的なイニシエーションなんだろうなと。

小川　じゃあ倉橋由美子《くらはしゆみこ》さんの『暗い旅』に触発されて、旅をしていたのはその頃ですか。

平松　いえいえ。それは高校一年生の頃。

小川　ええーっ。やっぱり平松さん、早い。普通の人より五年くらい精神の成熟が早いです。

●『暗い旅』が教えてくれた、痛みを伴う自意識の旅

平松　小川さんは『暗い旅』って、いつ読まれましたか。

小川　たぶん大学生の時に。七十円で買ってるんですね、古本屋で。

平松　新潮文庫版ですよね。私も持ってて、でも何回も買い直して、ほんとにボロボロになるまで読みました。高校生で初めてこれを読んだときは、こんな居場所があったんだと。本を自分の自意識の居場所のように思って、そこに溺《おぼ》れていく感覚を初めて覚えたのがこの小説でした。

小川　確かに、この独特の自意識は、十五歳のませた女の子にとってはたまらないものがありますよね。

平松　いや、ほんと、たまらなかった。本の中に逃げ込む感じでした。倉橋さんが『暗

小川　い旅』を書かれたのは二十代の前半だと思うのですが、自意識ってこんなに肥大してもいいんだって思わせてくれた小説。あの年代特有の、自分の自意識を自分で確認していくための装置としてあらゆる対象がある、そんな感覚を覚えました。また、それを延々書いていけば小説になるんだというのも、書く人間にとっては面白いところなんですよね。しかも自意識過剰な小説って普通は鼻につくんですけど、この小説にはそれがない。

平松　ないですよね。

小川　そこが倉橋さんのすごいところだと思う。

平松　ほんとに。旅をして、どこかに至るということの中に、これだけの言葉を自分の中で育てることが出来るのか、という驚きと羨望がありました。

小川　主人公の「あなた」は「かれ」を捜して鎌倉《かまくら》や京都に旅をしていますが、彼女が乗っている乗り物は「言葉」なんですよね。

平松　そう！　そうなんですよ。

小川　言葉に乗って移動している。

平松　うんうん。だからそれを推し進めるものとして、鎌倉があったり、京都があったり、東海道《とうかいどう》線があったり、海だったりがある。当時、何度も何度も繰り返し読んでいたんですけど、何が気持ち良かったって、読んで理解する速度と目で文章を

小川　追う速度を同じようにして読んでいく快感がすごくあって。彼女が鎌倉の街を歩いたり、つばめに乗って名古屋に着いた、岐阜に着いたって言いながら移動している速度と読む速度も重なっている。

平松　まさにそこが快感でした。小説を書かれるかたとして、この『暗い旅』をどういうふうに思われたのかをお訊きしたいのですが。

小川　そうですね。この書き方は、私小説という枠組みに対する挑戦なんですよね。主語を「あなた」という二人称にする細工によって、私小説の「わたし」が語る世界を決定的に破っている。これは「あなた」の物語なのだと、読み手と主人公の間の距離をゆがめている。ですから、これが登場してきた時の日本文壇の驚きは相当だったろうなと思います。

平松　そのぶん風当たりもとても強かったようで、文壇ではかなり否定的にあつかわれていたと、のちに知りました。作家自身にとっても『暗い旅』を書いたことが自分にとってどうだったのか、煩悶《はんもん》するところがあったのでは、と推察します。なにしろ、河出文庫版の巻末にある「作品ノート」では、自ら「少女小説」とまで書いていますから。

小川　「少女」という言葉から喚起されるのは、主人公とお母さんの関係が冷酷な点です。継母なのかなと思ったくらいです。これはちょっと、娘が京都の女子大に入学したからといって、改札口で泣くようなお母さんじゃないなと思いました。

平松　やっぱりそれも実在の母じゃなくて、主人公の「あなた」にとっての「母」がそういう存在でなければ、自分の実存が得られない。その意味での「母」だったのでは、と。

小川　なるほど。主人公の中でつくられた「母」なんですね。

平松　そういう意味では『海を感じる時』で中沢けいさんが書かれた「母」とはまったく違いますよね。『海を感じる時』は「母性」というものと対峙《たいじ》する「娘」だけど、『暗い旅』の「母」には「母性」はない。

小川　ないですね。

平松　むしろ「母」というものに「母性」なんてあってもらっては困るという冷徹な否定の仕方だと思うんですね。「自分」と「母」というものの関係を、二十代の前半で作者も断ち切ろうとしているし、高校生の私もそこに反応したのだと思います。

小川　そうかそうか。この主人公が「かれ」と婚約するんだけど、結婚を望まないし、お互い自由恋愛を認めあいましょうみたいな自己演出をするのも、「母性を切り捨てたい」という思いが根底にあるのかもわからないですね。

平松　そう。恋愛もそのための手段になっている。

小川　京都で佐伯という男と関係を持ちますけど、あれも母親の妹の元旦那で、母とつながっている。この旅は概念的な「母」を切り捨てるための旅なんですね。

平松　だと思います。でも、それはこれまで誰も指摘してないと思います。『暗い旅』って、小説作法の斬新《ざんしん》さということでひとつ位置づけられていると思うけれど、実は「母性」をどう母から剝ぎ取るかを描いた小説でもあるのではないでしょうか。倉橋さんは『暗い旅』を〈自分がまだ成長できていない少女という立場で書かれた小説〉として懸命に距離を置こうとしていて、「これはひょっとすると誰か別の人間が書いたのではないかと思うことがしばしばあるもので、『暗い旅』の場合もそれに近い」というふうに書いたりしています。でもその後で「それと同時に、人間も『少女』でなくなれば、言いたいことを言うのでなくて言うべきことが言えるようになるものである」と。それは、逆に言えば「まだ少女である自分が言うべきことは言えていない」という表明でもある。つまりここには自我を確立していく以前のことが描かれていて、だからこそ高校生の私にとって、あんなにも大事だったんだと思うのです。自我を発見する手段としての「旅」。遠ざかることで引き剝がし、引き剝がし……。

小川　痛みを伴う移動なんですね。

平松　いかに「母性」を断ち切るか。やっぱり女の人っていうのは、それぞれのやり方でそれを必死にやるんだなと。

●歩いて、見て、体ごと切り込んでゆく

小川　私たちの親の世代は、おそらくひとり旅なんてしたことがないと思いますよ。

平松　昔は旅館だって女のひとり旅なんて受け付けてくれませんでしたよね。

小川　ひとりで映画館に行くとか、ひとりで喫茶店に入るとか、そういうことも女の人はしないものだという教えでした。何故だか知らないけど（笑）。

平松　実際の旅って「見ること」からしか始まらない。白洲正子《しらすまさこ》さんも『十一面観音巡礼』で書いているけれど、とにかく虚心坦懐《きょしんたんかい》に、無心でただ見る。でもこの「ただ見る」って、すごく難しい。一旦全部を捨てて、そこに何を見るか。

小川　ああ。白洲さんも一旦全部を捨てていますよね。単に知識を捨てるというだけじゃなくて、人生観とか価値観とか、これまで生きてきた事情とか経験とか、そんなものも、もう全部捨てて、二個の目玉としてだけ、そこに存在してる。そういう迫力があります。

平松　そして歩く。歩くことで、自分の体を使って風景に切り込んでいくというか。そういう歩き方をしながら、自分が何を見て、そこに何をどう見出《みいだ》すのかは、もっ

小川　と後のこと。ともかく見る。自分の目で何を見ることが出来るのか、その一点にまず勝負を挑む。

小川　まさに一対一の勝負という感じですね。平松さんも取材される前には、当然、丹念に準備なさるわけですよね。どこでそれを捨てて、いつまた引っ張り上げてくるんですか。

平松　私自身の話ですか。

小川　ええ。ぜひそれをお訊きしたかったんです。

平松　私は取材がすごく好きで、事前に本を読んで下調べもするし、自分の中である程度組み立てては行くのですが、限られた時間の中でその人と対峙した時に必要なのは、実は、そういう事前に調べた情報じゃないんですよね。それはむしろ邪魔で、ともかく一個の自分がそこにいながら何を感じることができるか、その勝負なんです。そして、何かがふっと動いた時にとらえたことを言葉として確保し、伝える。そうすると、相手の方はハッとしたりする。コイツはこのあたりまで理解しているのかと。そこでお互いの回路が出来たらしめたもので、こういう見方をしているのなら、自分の仕事のこれは話そうという気になってくださる。

小川　ああ。人間関係でもあるんですね、取材って。

平松　はい。こうして問われてみて思ったのですが、真っさらでその場に立つことの大切さを、私は白洲さんから学んだように思います。白洲さんは『私の古寺巡礼』の中で、こんなふうに書いていています。「『心』なんかにかかずらっていては、ろくな取材はできません」「しいて『心』というのなら、無心に、手ぶらで、相手が口を開いてくれるのを待つだけです」「そんなわけで、私は極く自然にお寺へ入って行ったんです。案内書や解説書がなかったことも、今から考えると幸せだったかも知れません。何にもとらわれずに、否応なしに自分の眼で見ることが出来たから」と。物事を考えるときも、書くときも、どう見るか、それはのちのちの問題で、その場にいるときに何を見て、何を把握することが出来るのかが最も大事なこと。

小川　どんなに事前に準備したとしても、現場では必ず予想もつかないことが起こります。でもそれこそが書くべきことなんですね。

平松　ええ、そうだと思います。

小川　しかも、白洲さんは、見て得られる感動と仏教に触れる感動とはイコールなんだということに、大分経《た》ってから考えて気づいていらっしゃる。

平松　『十一面観音巡礼』を読んだときも、そこにすごく衝撃を受けたのを覚えています。門外漢が見たからって信仰がないのにわかるはずがないって言いがちでしょう。でもそうじゃない、無心で見ることによって仏に近づくことができるんだと。

い。

「見ることによって受ける感動が、仏を感得する喜びと、そんなに違う筈《はず》はない。いや、違ってはならないのだ、と信ずるに至った」と書かれていて、ここにまさに白洲さんの真髄というか、美というものに対しての見解があらわれている。わかりたい、でもわからないから見る。歩いて、足を運んで、ひたすら見る。「見ること」が理解することの本質でもあるということが、白洲さんの中で確立している、その凄《すご》さですよね。私も、以前に湖北の十一面観音をめぐる旅をしたことがあるのですが、中には木偶《でく》みたいな十一面観音像もあるんですよ。

小川　素朴すぎるもの。

平松　ええ。本当にさまざまな十一面観音像があって。そのうえで、あとがきでこう書かれているんです。「私の巡礼は、最後に聖林寺《しょうりんじ》へ還《かえ》るところで終っているが、再び拝む天平の十一面観音は、はるかに遠く高いところから、『それみたことか』というように見えた。私は、そういうものが、観音の慈悲だと信じた。もともと理解しようとしたのが間違いだったのである。もろもろの十一面観音が放つ、目くるめくような多彩な光は、一つの白光に還元し、私の肉体を貫く。そして、私は思う。見れば目がつぶれると信じた昔の人々の方が、はるかに観音の身近に参じていたのだと」。見るには見た。だけれども、見ないことの理解の仕方の方が、やっぱり自分を超えているものがある。こういう認識の仕方を、白洲さん以外に

小川　ちょっと読んだことがありません。
小川　知れば知るほど、理解を拒絶するものであることを悟るだけだったと。地元の人たちが本当に切実な人生の問題を抱えて、その観音様に思いを託した。その気持ちに対する白洲さんのリスペクトがあるんですね。
平松　そうなんです。
小川　仏像に限ったことじゃない。生身の人間に対しても、わかったつもりになるんじゃなくて、見ても見ても、言葉をやりとりしてもわからないんだと。理解できないことの意味を感得するということですよね、きっと。
平松　でも、そこに至るには、やっぱり挑まなければならない――。
小川　そうそう。始まらない。
平松　「わからないことがわかる」っていろんな人が言葉にしていますが、それにはやっぱり、歩いて、見て、体ごと切り込んでいかないとそこまでの確信は得られないし、実際にやらないとわからないことなんでしょうね。

●旅の遺伝子。放蕩《ほうとう》に憧れてはみたけれど

平松　その意味で、私の旅の原点になったのは二十代の頃によく行った韓国かも知れま

せん。八〇年代の前半、韓国旅行と言えば、ほとんど妓生《キーセン》ツアーでした。女ひとりで行くなんてほかにまだ誰もいなかった。写真を撮ろうとしたらカメラを開けられてフィルムをとられたり、日本人だとわかるとつり銭を投げて寄こすとかね。この国で受け入れられていないということをひしひしと感じる旅でしたね。

小川　それでも行こうと思ったのはどうしてですか。

平松　韓国料理にはレシピなど全くない時代だし、料理の構造を解読できないわけです。だからもう、これはどうにかしてつかんでみたい、と前のめりになって。

小川　プロとしての執念ですね。

平松　そのときに私の背中を押してくれた本が『香港 旅の雑学ノート』でした。この本にも、やっぱり自分の目で「何を見たか」が書かれている。この本が出版されたのが一九七九年、それ以前は〈旅を書く〉ことは、ある意味で特権的なものでした。返還前の香港は、圧倒されるほどのカオスでしたから、その中で街をどう整理・識別していくか。「見ること」で考現学が成立することを実証した名著だと思います。

小川　見たままを書くって、単純そうで、いざ自分が書けと言われたら難しいですよね。

平松　何でもない文章に思いがちですが、それ以上でもそれ以下でもないというこの書き方がすごく鋭くて、もちろん旅のガイドの機能も果たしてはいるのですが、山《やま》

小川　口文憲《ぐちふみのり》さんが目の前のものをいかに認識したか、その集積が示されている。だからいま読んでも、まったく古びていない。……なんだか訊かれるまま、自分の旅の話ばかりしてしまった気がします。小川さんの旅はどんな感じなんですか。

平松　私の旅の経験については、ここでお話しすべきようなことは何もありません。とにかく私、旅が大嫌いなんです。

小川　えっ。今でも？

平松　はい。家にじーっといるのが好きなんです。旅に出るのは、本当にやむを得ない場合だけです。

小川　じゃあ、最初に飛行機に乗って海外に行ったのは？

平松　新婚旅行です（キッパリ）。ね、やむを得ないでしょう。

小川　ある意味、たしかにやむを得ない（笑）。行き先は？

平松　ハワイと西海岸です。

小川　どうでした？

平松　この出不精な自分が、アメリカまでたどりつけたという事実に感動しておりました。平松さんには笑われると思いますが、旅慣れない者にとってはスーツケースを納戸から引っ張り出してくること自体が面倒くさいんです。

小川　あ。すでにそこから（笑）。

小川　そう。飛行場まで行っただけで、もうへとへと（苦笑）。
平松　じゃあ、自ら進んで行くことは……。
小川　ないですね。これはもう、遺伝子の問題じゃないですか。私の場合、先祖が農耕民族で、この土地を離れたら最後、もう全財産を失うという状況だった。そう刷り込まれているんだと思います。
平松　えーっ（笑）。
小川　人間には移動型と定住型がいて、これぱっかりは努力とは関係ないと思います。平松さんは、お嬢さんと旅行されたりもします？
平松　しますします。
小川　うらやましい。子どもと旅するっていいですよね。
平松　小川さんは息子さんと旅をしないんですか。
小川　ワケあって、一度だけ二人旅をしました。まさに、冥土《めいど》の土産《みやげ》です。血のつながった者同士で旅するってこんなにラクなのかと身にしみました。わがままも言えますし、向こうがわがままを言っても「あ、そう」と軽く流せる。同じことを主人が言ったら、カチンときちゃいますが（笑）。
平松　まったく同感です。息子さん、その時おいくつでしたか？
小川　二十二かな。二十歳過ぎた息子と母親が旅するなんて、ちょっと気持ち悪いんですけど。

平松　そんなことないですよ。

小川　平松さんの場合は、しばらく旅に出ないと、そわそわする感じですか。

平松　はい。かなり。でも私も、地元の町で本屋と八百屋と喫茶店に行くだけでも、あれは日常の旅だな、という意識があります。何も新幹線に乗らなきゃ、飛行機に乗らなきゃ旅が出来ないってわけではないというふうには思っていますけど。

小川　私がアンネ・フランクにこんなにも思い入れるのも、動きたくても動けない人に対して共感を覚えるのかもしれません。閉じ込められている人に興味があるんです。旅に出たくても出られない人たちに。

平松　言われてみれば、小川さんが小説に書かれる人たちって動いていかないですね。

小川　『猫を抱いて象と泳ぐ』の主人公に至っては、チェス人形を操作するために箱の中に閉じ込められていたりしますね。でも非常に区切られた空間の中で宇宙を旅しています。自分が移動しないぶん、旅文学を読むのは好きなんです。檀一雄のようなひたすら放浪する生き方も興味深いですし、今回は挙げませんでしたけど、武田百合子《たけだゆりこ》さんの『犬が星見た』も何回も読み返しています。

平松　自分が出来ないことだから余計に。

小川　そうでしょうね。ただ、私の場合、行くと誰よりも喜んじゃうんですけどね。南仏にフーヴォー村という、地図にも載っていない小さな村があって、そこの文学フェスティバルに参加した時も、まず何に感動するかというと、お昼が仕出し弁当じゃなくて、村の城主のお屋敷に招かれて、出張してきた料理人がフルコースをサービスしてくれるんです。城主のマダムが、白髪にクラシックなスーツを着て、ちゃんとストッキングにパンプスを履いてね。庭に泉があるんですが、マダムが言うには「二、三か月前に泉泥棒に危うく泉を盗まれそうになった」って。「えっ、泉泥棒って何?」と思うじゃないですか（笑）。訊いたら、夜中にこっそり穴を掘って水路を変えちゃうらしいんです。それでひとつ、小説を書きました。行くとやっぱり想像を超える現実が待っています。自分の小さな頭の中を突破しないと小説なんて書けませんから、そういう経験が小説になるわけです。

平松　小説のために取材することはないのですか?

小川　あまり多くはありません。でも取材をすると必ず偶然の祝福があります。『やさしい訴え』を書いた時、蔵王の山の中でひとりでチェンバロをつくっている人のところに取材に行きましたら、それこそ見たまんまを書けば小説になるような人でしたね。

平松　そんな僥倖《ぎょうこう》もある、と。

小川　だから年を重ねて書いていくにつれ、山口さんや白洲さんじゃないけれど、見たままを書くことが実は小説なんじゃないかと思うようになって、それから取材することがだんだん楽しくなっていきました。作家があれこれ手出しして細工を施さなくても、現実の中に書かれるべき物語がある。それこそ『猫を抱いて象と泳ぐ』を書いた時も、博物館の倉庫で象の骨格標本を見る機会があったんですね。「これは髙島屋の屋上で飼われていた象の骨です」と説明されて、もう、そのひと言です。そこから四百枚書けてしまう。そうなると出会いの偶然みたいなものを思わないわけにはいかなくなるんですね。檀一雄の『美味放浪記』を読んでいても、ひしひしとそれを感じます。

平松　檀一雄は、少年の頃、柳川《やながわ》までたびたび出かけていたらしいです。

小川　ああ。その途中で関西にちょっと降りたりしてね。

平松　そうそう。あれで何かちょっと覚えたのではないかしら。

小川　ああ。移動の快感を。なるほど。刷り込まれちゃったんですね。

平松　ではないかと。そうでなければ、やっぱりこんなにも風のようにはならないと思う。

小川　境界線もなく、どこまでも放浪していく旅ですものね。

平松　場所も時間も自分で選択して、すべての主体が自分にあるというのが旅の醍醐味《だいごみ》だし、面白さだと思うのですが、私の場合、そのせいでどうしても組み立ててしまいがちだから、檀一雄のような野放図な放浪癖にはとても羨望があります。現実から逃げ続けて、どこまでいけるのか自分、と。

小川　旅と名がつけば、当然ある程度、計画も必要ですが、檀さんはそれを徹底的にやらない。エビと飛行機の時間、どっちをとるか。ぎりぎりの自虐的な選択をしたり、どこまでも行きあたりばったり。

平松　文章そのものも意図的にそう書かれていますよね。

小川　『美味放浪記』で、瀬戸内《せとうち》が最も日本的な食品に恵まれている場所だと書いてあるのは嬉しかったです。

平松　そうなんです、そうなんです。私たちとしては嬉しいですよね。「岡山はまた、ちょっとした食堂や酒の店に、必ずと云《い》ってよいほど『雑煮』を売っている」とかね。

小川　そこ、私も気になりました。

平松　「雑煮の具はブリであり、サワラであり、エビであり、穴子であり、カマボコであり、春菊等であるが」って。ああ、こういうお雑煮だったなって。

小川　本当に檀さん、一膳《いちぜん》飯屋みたいなところがお好きですね。

平松　自分がちょっとでも窮屈になるところが苦手。やっぱり生来の放浪癖が顔を出す。

小川　太宰《だざい》と毛ガニを食べるところは名場面です。

平松　何度読んでも、ああっと思います。

小川　お互い生きてることとそのものにうんざりしていたような時期だった。

平松　それが毛ガニのあの生臭さみたいなものとすごく響きあっている。

小川　そして、だんだん悲壮感が出てくる。最初は気ままにおいしいものを食べる旅だったのに、韓国に行った時に、もう自分は日本の生活には飽き飽きしたと。「自分の死にまっすぐ直結するような、簡素で悠々たる自分の人生を作り直してみたい」と書いています。

平松　あそこは本当に、食を通して魂の叫びを聞く箇所ですね。

小川　ここで、この人は死に場所を求めていたのかということを悟らせる。その前段階にストックホルムで二回も老人の行き倒れを目撃するあたりから、だんだん、食べてるだけじゃないんだなっていうことがこちらにも伝わってきます。

平松　旅って、ずっと続けているとどうしようもなく人を疲弊させてゆくところがある。これはもう、絶対的に旅というものが持っている宿命のようなもの。だからリンさんにしても、あの結末にならざるをえなかったし、ジェルソミーナにしても。

小川　おっしゃるとおりです。

平松　旅は、いつかは終わらなくてはいけないものとしてそこにあると思うのですが、永遠にどこかへ向かい続けると、やっぱり人は疲弊していくんですね。

小川　すごいものを得ている代わりに、目に見えない何かが移動するたびに奪われている感じがあります。

平松　小川さんが旅に出たくないというのも、あらかじめの防御策なのかもしれませんね。

小川　消耗することに対する恐怖心が人一倍強いのかもしれません。檀一雄の場合は、戻るべき日常をあらかじめ壊したところからの旅である、というのが哀切です。そして、いくら計画嫌いの檀一雄であっても、旅である以上、終わりが設定されている。その終わりに向かっていく。人生と一緒ですね。

●偶然を必然にする、旅という円環

平松　『インド夜想曲』は、ふたりとも挙げていたんですよね。

小川　タブッキがダブった（笑）。私はわりと最近読んだんですが、これは『暗い旅』とうまくつながりあっていて、気持ち悪いくらいです。いなくなった人を捜す旅。誰かを捜すための旅。しかしその相手はたぶん見つからない。

平松　本当に相手がいるかどうかもわからない。多和田葉子《たわだようこ》さんの『容疑者の夜行列車』も『インド夜想曲』と重なりあうと思うのですが、前へ前へ自分の魂を抱え

小川　ながら、先に進んでいき、同時に後ろからひたひたと追いかけてくるものがある。

小川　インドは行ったことがないので、いろんな場面が新鮮なんですけど、「インドで失踪《しっそう》する人はたくさんいます。インドはそのためにあるような国です」という描写が印象的です。

平松　インドって、自分の中のあらかじめ持っていた考えを軽々と否定してくるところだから。たとえば物乞《ものご》いに対しても、渡すのか渡さないのか、渡すとしたらそれはいくらなのか。金銭を渡すことって自分の人間性をすごく問われることだと思うのですが、そういう状況がもう幾度となく立ちはだかって「お前は誰なんだ」と、常に突きつけてくる。自分の中に譲れない何かを持っていないと、どんどん自分が消えていく。

小川　それでインドは「失踪者のための国」なんですね。その土地の時間や空間に紛れ込んでいって、どんどん自分という存在が曖昧になっていく。その感覚が非常にシンボリックに描かれている。

平松　それだけに主人公が訪れる土地の名前だったり、ホテルの名前だったり、固有名詞が旅を進めるために必要なつじつま、道案内になっている。

小川　『暗い旅』も『インド夜想曲』も、平松さんが出版社のTさんと隣り合わせたことにしても、旅って必ず偶然の繰り返しなんですよね。『インド夜想曲』でも、偶然、売春婦と出会う、医師と出会う、兄を背負った弟と出会う。しかもそれは継続的な出会いではなくて、瞬間に昇華させていく偶然の重なりあいです。

平松　しかもその偶然の重なりが必然になり得るということについても描かれていて。

小川　振り返ってみると、あれは必然だったんだとわかる瞬間がある。

平松　でも旅をしないと、それは必然になっていかない。必然にし得る偶然に出会うべく、人は旅に出ていくという円環。単に経験ではなく、単に出会った事象でもなく、偶然が重なるうちに、これもまた必然だったのだと思い至らせる力というのも、旅がもたらすものではないでしょうか。

小川　日常生活でも刻々偶然は起こっているんだけれども、忙しさに紛れたり、心がすさんでいたりすると、その偶然の持っている意味をゆっくり考える余裕がない。偶然がもたらしてくれる恩恵を取り逃がしている。それが旅に出ると、旅が持っているある種の緊張によって見たもの、出会ったものがくっきりとしてくるので、日常生活の中ではとりこぼしている偶然が、必然として育っていくということもあるのかも知れません。

平松　だから旅って、ある意味、自分のあり方の訓練でもあるのかもしれません。「これだ」と思った瞬間に感知する力みたいなものって、やっぱり磨けば光るもの。旅はそれを研磨してくれる。坂網猟《さかあみりょう》という江戸時代から続いている猟を取材したことがあるんです。暗闇にじっと潜んでいて、何千羽という鴨がいっせいに飛んでくるところへラクロスの網みたいなのを宙にパーンと投げて獲《と》るんですけど。

小川　そんな原始的な方法で。

平松　そう。そのときに、七十半ばくらいの猟師さんにうかがったら「鴨対人間やない。野生と野生や」って。「命が命をとるんやから一対一じゃないと獲れない、命と命の戦いや」。人の中にはそういう野生みたいなものが眠っていて、旅をすることで、もう一回、包丁の刃を研ぐみたいにそこが磨かれていく。

小川　なまくらにならないように。この間、ちょうどラジオで椋鳩十《むくはとじゅう》の『大造じいさんとガン』という話を紹介したんですが、大造じいさんはずっとガンと戦ってきたんだけれども、仲間を助けて傷ついたそのガンの手当てをして逃がしてあげるんです。たとえ動物が相手でも、ずるして勝ちたくないって。もう本気の戦いなんです。

平松　野生対野生だから。

小川　そう。

平松　そういえばやっぱりモンゴルで、私、本当に粟立《あわだ》つような思いをしたことがあって。トイレがないので、みんな、自分の居心地のいいところでするんですけどね。

小川　決まった場所ってないんですか。

平松　ないんです。みんな、それぞれ勝手に探してするんですけど、初日に、ちょっと小川が流れていて、草も生えてて、あ、ここがいいなと。でも最初の日だし、あてずっぽうで決めたわけです。

小川　迷ったら帰れなくなるし。

平松　ええ。道もないから適当に選んで。それで二日目にまたどこかに行かなくちゃいけないと思って、また適当に歩いて決めた。そうしたら、なんと、そこは自分が昨日座ったところとまったく同じところだった。

小川　すごい。野生の力だ（笑）。

平松　野生児？（笑）　そのとき、もう驚愕《きょうがく》して。意図的に同じ場所に行こうとしたわけでもないのに、やっぱり人間の中には、こっちは安全だなとか、ここはダメだなとか察知する力みたいなのがあるんだなと。そのせいなのか、私、旅先で怖い目にあったことが指折って数えるくらいしかないんです。小川さん、あります？

小川　私はもう、歯磨きもミネラルウォーターでするくらい、用心深いですから（笑）。でもね、本物の野生ってすごいんですよ。ゴリラなんかケンカが起こると、そのケンカをしている二頭よりも弱い立場のゴリラが間に入って、目をのぞきこんでおさめるんです。ケンカをする方もそれを待っている。お互いぎりぎり言いたいことを言いあって、でも早く仲裁が来ないかなって、あうんの呼吸で待っている。

平松　そこに弱い若い雄が来て、おさめる。だからまさにお相撲ですよね。行司は一番ちっちゃいけど、誰も逆らえない。

小川　なるほど、学びますねえ。

平松　そういうことを知ると、人間って愚かだなと思う。こんなに手間暇かけて武器をつくってね、相手を全滅させようなんて出来もしない妄想に走って、なんてバカなんだ。野生の方がよっぽど賢い。戦わないで済むように、敗者をつくらないように、うまく集団を保っている。そういう話を聞くと、生まれ変わったら、もう、人間はいいかなと思ってしまう。言葉で説明しなきゃいけないのは飽き飽きだなって。

小川　今ふと思ったんですけど、旅に出て楽だなと思うのは、言葉から解放されるってことも大きいかもしれません。

平松　それはありますね。ですから旅をした上で書くって、大変な重労働だと思うんです。せっかく言葉から解放されたんだから、白洲正子さんだって、なんて素晴らしい観音様だろうと思うところで終われたらもっと幸せだったのではないでしょうか。

小川　でも言葉にするから必然が得られるというか、言葉にしないと必然に転換していけないというのか。旅って、そういう装置なのかも知れません。それを人間、どこかでわかっているから、また旅に出たいって思うのかも知れないですね。

小川　偶然が必然になるというのは、まさに物語が生まれる瞬間でもありますよね。

&〈私の中の海。産むこと、母になること〉

小川　娘さんを産んだ時のことって覚えていますか。

平松　三月末だったんですけど、陣痛の間隔をはかって、その前に掃除したりしてましたね。

小川　入院して、しばらく留守にしますからね。東京でお産みになったんですか。ご実家には帰らずに。

平松　はい。だから立ち働いて、雑巾《ぞうきん》がけをしたりとか。

小川　優等生ですね。

平松　ううん、そうじゃなくて、逆にすごく緊張していたのだと思います。病院から戻ってきたときに気持ちがいいように、と思ったのかもしれない。夜中に陣痛が来て、その間隔がだんだん判で押したように短くなっていって。

小川　あれ、不思議ですよね。

平松　笑っちゃうくらい正確で、びっくりしました。あと十五分は大丈夫だな、七分間隔になってきた、何となくわかる。

小川　自分でわかるんですよね。別にストップウォッチを持って測っているわけじゃないんですけど、あれは神秘的なわかり方でした。

平松　時計を見ながら掃除機かけて、次の間隔がきたら拭き掃除やっちゃおう、とか。なんだったんだろう、あれ。いま考えると、かなり変（笑）。

小川　すごい冷静。初めてのお産ですよね。

平松　はい。いま思うと、冷静というより衝動というか、巣づくり本能みたいなことだったのかもしれない。

小川　私も、これはそろそろ分娩《ぶんべん》台にあがった方がいいなというのはわかったんですけど、あいにく八月十八日でお盆だったせいで人手不足だったらしく、ずっと放っておかれたんですよ。初産だから長くかかると思われたらしくて。でも、私は本能的に、いや、そうは言ってもそろそろじゃないかなと思ったんです。あの頃はまだ若くて言いたいことも言えないから、ナースコールも押せず、そのうちに腰骨がミシミシ言い出して。これはさすがにと思って看護婦さんを呼んだら「あら大変」って。

平松　向こうは慣れてるから、意外に悠長で。

小川　そう。それで分娩台にあがったら、あっという間に生まれちゃったんです。主人が立ち会うつもりでいたんですが、立ち会いのために羽織る白衣のボタンを留める間もなく。ああ、私の本能は正しかったのだ、と思いました。

平松　産んで三日くらい経ったときかな。二人部屋だったんですけど、産婦人科の先生が回診のとき、隣のベッドで「赤ちゃんに障害があるかもしれないので、これから検査します」と言っているのがカーテン越しに聞こえてきて。同じ日、同じ場所で子どもを産んだこの人はこれからどういう人生を選んでいくんだろうって、ふーっといろんなものが沈んでいく感じがしました。あのときの時計が止まったような感覚を今でもときどき思い出すことがあります。

小川　それが誰の運命でもおかしくない。出産はそういう、自分の力を超えた何かを感じる、最も大きな体験ですね。

平松　はい。出産の場って、生と死もふくめ両極端が一緒に成立している場だと実感しました。

小川　まあ、子育ての大方は、自分の力を超えたものに振り回されるわけですが。子どもが自分に似ちゃったなあと思うのは、たいてい欠点の部分じゃないですか。ああ、やっぱり、みたいな。

平松　よくも悪くもどこか鏡を見てる感じは拭えませんね。うちは女の子だから余計に。そうすると、ああ、私でごめんねと思ったり。

小川　平松さんをしても、そうなんですか。『アンネの日記』を読んでいても、アンネが最初反発するのは、こういうお母さんであってほしいという思春期の女の子なりの理想があるからで、お母さんにも欠点があることがどうしても許せない。

平松　私はああはならない、という感情を抑え切れなくて。

小川　それこそ母親を踏みつけてでも、私はあの人とは違う人生を歩むんだ、と頑《かたく》なになっている。それがだんだん日記の終わりの方になってくると、欠点も含めて受け入れられるようになるんですね。

平松　たぶん一回否定する時期があった方がいいんですね。否定と肯定を繰り返しながら、少しずつ成長してゆくのだと思います。私もそうでした。

小川　そこを通らないと受け入れられないんでしょうね。

平松　やっぱり自分の中でせめぎ合いがないと、次にいけないのかもしれません。でもね、いまになってみると、私も、ハッと気づいたら母親と同じことをしているときがあるんですよ。「これをこうやったらもうちょっとこうだよ」と、べつに言わなくてもいいのに、つい〝指導〟しちゃってたり。

小川　教えたがりみたいな。

平松　なんでしょうね、あれは。あ、どうして私、こんなこと言ってるんだろう、でも、この場面はどこかで何回も見た、聞いたことがあると思ったら、うちの母親がそうだったという。大みそかの深夜、母親が決まって台所の床の拭き掃除をしていたのですが、私も、大みそかの夜になると同じことをしたくなっている（笑）。

小川　なるほど。私はほうれん草のおひたしをつくるたび、無意識に小指を立ててしまうのですが、それは母の癖でした。絞る時に小指を伝って落ちてゆく水を見て、あっ、母と同じだ、と思い出すんですよね。その瞬間、欠点も何もかも超越して、母とつながっている自分を感じます。

第四章　人生のあめ玉

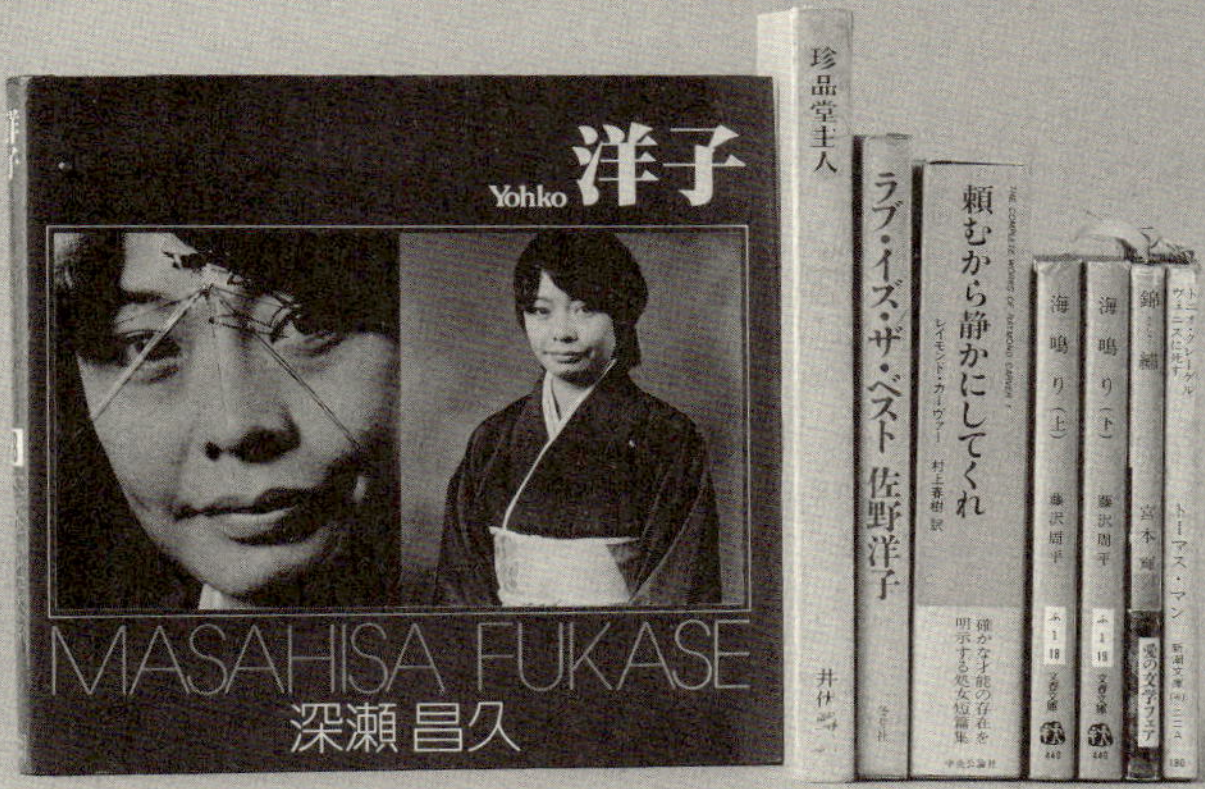
Yohko 洋子
MASAHISA FUKASE
深瀬 昌久
珍品堂主人
ラブ・イズ・ザ・ベスト 佐野洋子
頼むから静かにしてくれ
レイモンド・カーヴァー
村上春樹 訳
確かな才能の存在を明示する処女短篇集
海鳴り（上）
藤沢周平
海鳴り（下）
藤沢周平
宮本輝
愛の文学フェア
ヴェニスに死す
トーマス・マン

小川洋子の3冊

『自転車と筋肉と煙草』 レイモンド・カーヴァー　村上春樹訳
(『頼むから静かにしてくれ』所収　中央公論社　1991年)
子ども同士のいさかいで呼び出されたハミルトンは、息子の友人の父親と殴りあいになる。父と息子に起こった一夜の出来事を描いた一編。短編の名手カーヴァーは80年代アメリカ中流家庭の孤独を描き、ミニマリズムの旗手と言われた。

『ヴェニスに死す』 トーマス・マン　高橋義孝訳
(『トニオ・クレーゲル　ヴェニスに死す』所収　新潮文庫　1967年)
初老の作家アッシェンバッハは旅先のヴェニスで出会った端麗無比な美少年タージオに心奪われ、破滅していく。美と倫理、芸術と生活との相克を描いたノーベル賞作家トーマス・マンの傑作。ルキノ・ヴィスコンティ監督が1971年に映画化。

『錦繡』 宮本輝
(新潮文庫　1985年)
ある事件をきっかけに愛しあいながらも離婚したふたりが、紅葉に染まる蔵王で10年の歳月を隔てて再会する。手紙のやりとりの中にそれぞれの過去が浮かび上がる、愛と再生を描いた書簡体小説の白眉。日本語の美しさも再認識させられる。

平松洋子の4冊

『珍品堂主人』 井伏鱒二
(中央公論社　1959年)
骨董に憑かれた人々の善意と奸計が織りなす人間模様を描いた井伏鱒二の代表作。一説には、主人公のモデルは骨董品鑑定士で北大路魯山人と共に星岡茶寮を経営していた秦秀雄、骨董を女に見立てる論法の出自は小林秀雄といわれる。

『ラブ・イズ・ザ・ベスト』 佐野洋子
(冬芽社　1986年)
「産んだだけなのよね」「スカートをけって歩きなさい」「私はそう思うの」、佐野洋子という人は短い言葉の中に図らずも浮かび上がる人生の真実をパッとつかまえる達人だった。粗削りでみずみずしい初期のエッセイ。

『洋子』 深瀬昌久
(朝日ソノラマ　1978年)
深瀬昌久は私小説的なドキュメンタリー写真で知られる。自画像のように鴉を撮った代表作『鴉』など海外の評価も高い。妻・洋子は11年撮り続けた。ウェディングドレス、腰巻、全裸……被写体の困惑や悲しみも赤裸々に写し出す。

『海鳴り（上・下）』 藤沢周平
(文春文庫　1987年)
40の坂を越えて老いを意識し始めた紙商・小野屋新兵衛は、妻とは心が通じず、跡取り息子は放蕩三昧。人生のし残したことをどう埋めていくのか。薄幸の人妻おこうに想いを寄せていく。藤沢周平が描く世話物の名品。

●写真には、見る者と見られる者の関係性が写っている

小川　今回のテーマは「出会い」。家を出て、旅に出て、誰かと出会う。男と女、親と子、いろいろな出会いがありますよね。

平松　私は、深瀬昌久《ふかせまさひさ》さんのこの『洋子』という写真集を二十一のときから持っていて、奥付を見ると、昭和五十三年刊行なんですけど、刊行後すぐに買っていました。でもいま、古本市場でかなり高価だと聞いて、それを今回のために取り寄せていただいたのかと思うと申し訳なかったなと。ソノラマ写真選書シリーズってすごく好きで、当時、荒木経惟《あらきのぶよし》さんの『わが愛、陽子』と二冊、買ったんです。

小川　二大ヨーコをお持ちでいらっしゃる（笑）。

平松　名前があまりにも、ですよね（苦笑）。でも、名前に反応したわけではなくて、たんに偶然としか言えないのですが、同じヨーコでも、荒木さんにとっての「陽子」と深瀬さんの「洋子」ではまったく意味が違う。『わが愛、陽子』には、荒木さんの陽子という女性に対する情愛が溢れているけれど、深瀬さんの『洋子』には、写真家の私的な孤独をどう表現するか、その表現手段として「洋子」という人物が据えられている。同じ写真表現でも、これほどまでに違う関係性の

ありかたを表現できるのかと驚愕し、この二冊は、いまに至るまで私にとってすごく大事な写真集になっています。

小川　まさに対極ですね。あらためてうかがってみたいのですが、平松さんが写真に心惹かれるのはなぜですか。

平松　いろんな言い方ができると思うのですが、やはり、写真というのは撮る人と撮られる人、もの、こと、それぞれの一瞬の関係が、待ったなしで印画紙の上に定着している。そこに惹かれるのです。見る側と見られる側と言ってもいいのだけれど、ほかに何も入りようがないその関係の厳しさ、ピュアな関係性に惹きつけられてしまうのだと思います。

小川　見る、見られるということで言えば『ヴェニスに死す』の作家と美少年の関係も、まさにそれですね。作家のアッシェンバッハはドイツ人で、美少年はポーランド人なので言葉は通じない。つまり、見ることでしかつながりが持てない関係で、ひたすら見る、追いかけるというあの見方は、写真家が被写体を追い詰めていく視線の送り方と似ているかも知れない。

平松　はい。写真を撮るというのは、本質的には自分に考える隙《すき》さえ与えさせない、ある意味では動物的で身体運動に近い行為だと思うんです。わずか一瞬のうちに、そこでつかまなければいけないすべてが託されている。

小川　ものを書いている人間からすると、それはちょっとうらやましい。素晴らしい写真集を見ると、この写真に勝る言葉は書けないなということの連続です。でも言葉と関わっている以上、どうしても理屈で考えて、組み立てていかなくてはならない。

平松　言葉をあつかっている者の宿命ですよね。方法論の違いではあるのだけれど、一瞬にすべてを定着することができる写真に対して、やはり羨望を禁じ得ないところがあります。

小川　写真家の深瀬さんと被写体の洋子さんはこの当時ご夫婦で、『洋子』もふたりの結婚式で始まる。花嫁が歯を見せて笑っていても、底抜けに嬉しいのかと言えば、そうじゃない。むしろ喜びより哀しみの方が伝わってきて、なんだろう、この不思議さはと、とても気になる。めくればめくるほど、ざらざらした違和感が迫ってきます。

平松　被写体の洋子さんは、写真家が求めているものは理解しているのだけれど、全部を受容しているわけではない、その抵抗感や不安、拒否感のような感情がにじみでてしまっているのだと思います。

小川　この人が持っているいろいろな面が切り取られていくから、一瞬、同じ人に見えなくて、えっ、と思ってしまいました。

平松　写真の数だけの人がここにいる、そこが深瀬昌久という写真家の凄さだと思います。どれひとつとして同じ人ではない。でもここまでカメラで剝ぎ取るように、その人の人間性を剝いでいく撮り方をされたら、やっぱり嫌だったろうなと。のちにふたりは離婚するのですが、これは一緒にいられない、日常生活をともにするのは難しいだろうなという気がします。

小川　私小説家の家族が迷惑をこうむるみたいな。

平松　まさに。だって日常生活の中に、ある種の虚構性みたいなものを無理やりねじこまれてるわけですから。

小川　台所の流しのところで裸で立っている写真とかね。

平松　撮影するという行為に煽《あお》られて、あの状況になったのだと思う。

小川　もっとも日常的な場所である台所とヌードという非日常的なものを合体させるためには、やっぱり何か無理が必要になってくる。その無理な部分が作品として厚みになる。洋子さんのお母さんと洋子さんが並んでヌードになっている写真もあって、圧倒されました。

平松　家族が虚構を演じている。非日常に巻き込まれていて、鬼気迫るものが漂っています。

小川　お母さんも一応了解してなさっているわけですよね。

平松　深瀬さんのご実家がそもそも写真館なんですね。だから洋子さんのお母さんも写真家に対する理解がそもそもあったとは思うんですけど。

小川　親子で並ぶとすごくよく似ているんですね。まるで時間が並んでいるよう。三十年くらいの時間が、一瞬でここに写っていますね。お父さんがまたパンツ一丁みたいな姿で出てきます。

平松　自分以外の周りすべてが自分を表現するための手段になっている。周りの人間からすれば、それはやはりキツイ話ですよね。

小川　深瀬さんと荒木さん、撮られるとしたら、どっちがいいですか。

平松　どうでしょう……どちらも写真家と被写体、夫と妻という関係性なので、どちらにしても厳しさはある。荒木さんにしても、陽子さんの死に顔を撮っているわけだし、それは荒木さんの陽子さんに対する愛情の顕れでもあるけれど、そこに写っているのは、他人にはわかりえない、ふたりだけの関係性ですよね。私、しばらく前に荒木さんに撮っていただいたんです。それまでお会いしたことはあっても、撮ってもらうのは初めて。そのときにあっと思ったのは、荒木さんって撮ることを通じて被写体の内部、精神の中に侵入してくる感じを受けるんです。

小川　へえ。乗り移ってきちゃう感じなんですか。

平松　いや、乗り移るというのではなくて。

小川　じゃあ、飲み込んじゃう？

平松　飲み込むというより、撮りながら、荒木さんの存在自体がこちらの内部に侵入してくるというか。あんな撮られ方をしたのは初めてでした。そうか、被写体になった人は多くの場合、荒木さんの前だと何でも許容してゆくんだと腑《ふ》に落ちました。言いかえれば、撮る、撮られるという関係の中で生まれる荒木さんの誠実さなんだと思います。被写体に対する誠実さというより、撮ることに対する誠実さ。写真を撮るという行為が荒木さんにとって途方もなく大切なことだからこそ、できること。その誠実さで以て、どんどん撮っている人の中に入ってきて、ファインダーをのぞきながら探っている。そしてあるとき「撮れた！」と言う瞬間がやってきて。掲載された写真を見ると、荒木さんは私の中にこういうものを見てらしたんだなと強く感じました。

小川　なるほど、そういう距離感なんですね。

平松　ええ、または距離がなくなっていく感じ。「撮れた！」と言われた瞬間、ほとんど同一化してるかのような。あれは本当に特殊な体験でした。

小川　私の勝手なイメージですけれど、荒木さんの方がどこか無邪気なところがありますね。屈折よりは無邪気さの方が上回っている感じがします。

平松　そうですね。深瀬さんの場合は、たぶん何を撮っても自分しか写らなかったんじゃないでしょうか。いつもいつも自分がそこに写ってしまう。

小川　それはつらいことですね。ものをつくる人間にとって、自分から逃れられないというのは。

平松　小川さんとこうしてお話ししていて、いつもそう思うのですが、お互いの言葉を信じて、同じ船に乗って、どこに行くかわからないけれど、そこは手をとりあっていくぞという、何かお互いの認識みたいなものがありますよね。

小川　「出会う」というのは、どんな場合であれ、ある種の共同作業なんですね。人でも、物でも、風景でも、出会っていくことでしかたどりつけない瞬間ってありますよね。それこそ「あっ。これは小説になるな」という瞬間的な出会いをした時って、たぶん自分という枠組みをはみだしている。自分を打ち破るようなものと出会った時に、それを感じるんだと思うんです。つまり、自分の範疇《はんちゅう》の中にとどまっていたのでは、何も始まらない。

平松　自分ひとりだけでできることなんて、せいぜいですよね。

小川　そう。本当に。せいぜいのことしかできませんよね。

平松　だからこそ他者が必要なのだし、出会いの化学反応が大事なのだと思います。

小川　『ヴェニスに死す』のアッシェンバッハも、情熱を失いかけていたのに、あの美少年に出会って、突如として書きたい気持ちがよみがえってきた。この少年の体つきを手本にして書きたいと。

平松　名声も築き上げて、ひとかどの作家になった男が、やるべきことはやりつくした満足感の中にいたのが、実はそうではなかった。まだもっと先に自分が書きたいもの、美として認識できるものがあるんだと気がついて、その興奮が、それまでの自分の枠組みを打ち破っていった。

小川　『ヴェニスに死す』は、最初、斎場の描写から始まります。ヴェニスに行ってゴンドラに乗ると、それを棺桶《かんおけ》だと言う。街ではコレラが流行《はや》っているし、最初から死の影がすぐそばまで忍びよっているという状態で、読者は、この人もう時間がないんだなとわかる。だからこそこの少年の美に出会った時に、こんなにも弾《はじ》けてしまった。最後の大爆発を起こした。でもこれ、アッシェンバッハが少年に話しかけていたら、また全然別の話になっていたと思うんですね。言葉が通じないというのがひとつのポイントになっています。

平松　せっかく笑ってくれても「安直に笑いかけるな」と内心、拒否反応を示したり。

小川　そんなにやすやすと笑ったらダメだと。

平松　むしろ距離が縮まることで、何かが崩れる恐怖感みたいなものがあった。

小川　距離が必要なんですね。エレベーターで一緒になったりするともう、近すぎて身の置き所がない。こっちはデッキチェアにいて、向こうは波打ち際でパシャパシャやっているぐらいがちょうどいい。

平松　私、いまだに『ヴェニスに死す』を読むと、どうしてもあの美少年がビョルン・アンドレセンになっちゃう（苦笑）。

小川　映画であの美少年を演じた彼は完璧《かんぺき》でしたものね（笑）。

平松　ヨーロッパ全土でものすごいオーディションをして探し出したと聞きました。それにしても、よくまあ、あんなピッタリの少年を見つけ出したなと。

小川　しかも彼って、あのセーラー服が着られるギリギリの年代で、まさに少年から思春期に入る、人生の中のほんの一瞬の輝きを放っていました。「美は精神の至る道である」というような表現が繰り返し出てきますが、アッシェンバッハにとっては芸術家として理想的な一本道が見えた。ただ、そう言いながらも、ホテルの美容室に行っちゃったりするところが、またね。

平松　行っちゃうんですよね。また、そこで床屋さんに「いけいけ」ってけしかけられたりして。

小川　そういうなまなましい、理想的な芸術とはまた全然別の欲望もあって、でも老いた肉体からは逃れられない。

平松　いまでも忘れられません、ダーク・ボガードがお化粧して、それが崩れていくときの醜悪さ。

小川　悲しいですよね。汗で白髪染めみたいなのが、つーっと黒く垂れてきて。

平松　あれを見て、さすがはダーク・ボガード！　と別の意味で感動しました。

小川　ですから、映画の力も大きいですよね。私、小説より映画が先でした。

平松　私もです。映画を観て、慌てて読んだんです。

小川　たしか十七、八くらいの時です。淀川長治《よどがわながはる》さんのベストワンの映画が『ベニスに死す』だと聞いて観に行ったんです。あんなにたくさんの映画を観ている淀川さんの一番だから、きっと面白い映画に違いないと思っていたら、とんでもない映画で、おまけに映画館で痴漢に遭ったりして、何か嫌なこと思い出してしまった（苦笑）。

平松　あらら（苦笑）。

●もの言わぬものと対峙することは、自分を試されること

小川　『珍品堂主人』の人と骨董《こっとう》の関係も、見る、見られるということですよね。動かない、言葉をしゃべらないものとの一対一の対峙。

平松　「骨董は女と同じだ」なんて書いてある。

小川　すごい言葉ですよねえ。

平松　井伏鱒二《いぶせますじ》が骨董に託してこれを言いたいのかなということが、わりと直接的に書かれているんですよね。骨董にも女にも相場があるようでない、持つ人の人格で相場が決まる、とか、常に女とセットで語られていて（笑）。井伏鱒二が阿佐ヶ谷《あさがや》文士村で将棋の会なんかをやっていた頃、一番親しかったのが青柳瑞穂《あおやぎみずほ》。この人は本当に骨董に耽溺《たんでき》した人だった。阿佐谷を中心にそういう人間関係がうごめいていて、横光利一《よこみつりいち》もそのうちのひとりでした。磁州窯《じしゅうよう》という名品をたくさん出している窯があるのですが、横光はそこでつくられた宋代の梅瓶《メイピン》の名品を持っていました。

小川　今、西荻窪《にしおぎくぼ》のあたり、骨董屋さんがすごく多いそうですね。

平松　五十軒をゆうに超えると聞いて、びっくりします。逆に阿佐谷は、今はあまりないですけど。

小川　興味深いのは、物が動くと人も動く。物と人が一体になっている。

平松　物そのものに価値があって魅力的だから、よけいに人の面白いところ、魅力的なところもこれは見たくなかったという嫌なところもいっしょに見えてくる。一時期、私も骨董屋にずいぶん出入りしていたときがあって、見たくないものもたくさん見ました。でも真理みたいなものも、ふわっと見せてくれる。別にそういうものを見たいと思って関わっているわけではないのに、そこにあるものが本物であるがゆえに、それをめぐるいろんなものを見せられてしまう。でも、それが下衆《げす》なものばかりではないから、惹かれるんだと思います。

小川　そこがややこしいところですね。下衆なものばかりなら、むしろ簡単なのに。

平松　下衆なものの中にそれと正反対の、ほかのことでは理解しあえない稀有な関係性が生まれたりもするから、余計に何か底が知れない恐ろしさがある。

小川　私が『珍品堂主人』で怖かったのが、備前焼《びぜんやき》の徳利をめぐる話です。「売ってくれ」という人がやってきて、徳利を持ったが最後、手から放そうとしない。「その徳利を、あなたの手から放して、私に返して下さい」と言っても放さず、「では、寄付するつもりで云いますが、十五万円です」、しかし「即金で願います」と言うと、その人はお金をかき集めて十五万円持ってきた、その紙幣が苦労の跡がしのばれるようによれよれだったというね。物だけじゃなくて、お金も物語になっている。骨董はいろんなものを巻き込みますね。

平松　お金が絡むからよけい複雑になる。

小川　本当に。

平松　集めてきたお金がくしゃくしゃのお札だったとか、人それぞれの生き方がそこに出てしまって。

小川　前に持っていた人、関わっていた人、その骨董がたどってきた来歴というのもありますしね。偽物をつくるために、土に埋めたりして。

平松　有吉佐和子《ありよしさわこ》さんが『青い壺《つぼ》』という小説で、やっぱり、真贋《しんがん》をめぐる話を書かれています。無名の陶芸家が偽物づくりのかたわらでつくった本物の美しい壺が売られ盗まれ、それを手に入れた人の人生を映し出す。物が人を暴いていくんですね。人品骨柄《じんぴんこつがら》を否応なく見せてしまう。『珍品堂主人』も、井伏鱒二の構想としては最初から、骨董をめぐって人が右往左往していく滑稽《こっけい》さみたいなものを書きたいという意思があった。

小川　現実には、生きるか死ぬかくらいの気持ちでやっているのに、それを小説にそのまま書くと、ユーモア小説になるんだということですよね。

平松　価値あるものが俗世の中に置かれたときの滑稽さ、可笑《おか》しみに持ち込んで描きたかったのだと思います。

小川　それにしても人間が試されるって、普通は善人か、悪人かみたいな物差しですよね。ところが骨董の世界では、たとえば「この人はこれを五百万円で買う人間なんだ」というふうに数字で出てくるというのが独特です。

平松　本当に……この話をしようかどうしようか迷ったのですが、私、古いものを買うときに、基本的に値切らないんですね。信頼している相手から買うわけだから、その人がこうだと言ったら、そういうものだと思って言い値で買う。それで「男みたいな買い方だねえ」「勇気あるよねえ」と言われたりもしたけれど、そういうことではなくて、値切ることにあまり面白味を見出せなかったんです。むしろそこは相手との信頼関係の問題。信頼して買うことでいい関係を結びたいと思っていた。

小川　なるほど。〝信頼〟だからこそ、裏切られる場合もある。

平松　それが出来るとき、出来ないときがあるんだな、と。一瞬で、それまでずっと積み上げてきたはずのその関係性が崩れてしまうこともある。ある佳品と巡りあったことがありまして、それなりに高価だったのですが、その時の私にはそこまでの持ち合わせはなかった。そうしたら支払いはあとでいいからという話になって、やれ嬉しやと大事に抱きしめるようにして持って帰ったんです。

小川　信用取引。

平松　ところが後日、その人と食事をしたときに、たぶんお酒の酔いもあったんでしょうね。ぽろっと「いやあ、あの値段で買ってくれるなら、もっと高い値段を言っておけば良かった」と言われて。ちょっと待ってよ、と思いました。その言葉、聞きたくなかった。

小川　それまで積み上げてきた関係ががらがらと崩れてしまった。

平松　本当に悲しかったですね……『珍品堂主人』にもそういう話がたくさん。

小川　骨董をひとつのキーワードにすると、予想もしない人間のあらゆる面があぶりだされてくる。
平松　値段をつける人がいて、その値段を受け入れるかどうかというのは、その人の眼力も含めて、相手をどこまで信じるかが問われてくる。
小川　だから怖い。結局はその人間を信じるか、信じないかというところを試される。
平松　魑魅魍魎《ちみもうりょう》の世界。もちろん悪いことばかりではありませんでした。何か鈴を見つけてくださいとお願いして、そうしたら何年か経って「平松さん。お探しの鈴が見つかりました」と連絡が来たこともありました。それは室町時代の小さな鈴で、からころと風が鳴るような音がする。
小川　すごいですね。どういう鈴が欲しいのか、相手の方も暗黙のうちに了解している。
平松　そう、これはあの人だな、と見立てるんです。
小川　たまに京都に遊びに行って、ふらっと骨董屋さんに入りたいと思ったりしますが、やっぱり、うかうかと入れる場所じゃないですね。百戦錬磨の目利きや魑魅魍魎がうごめいている中に、何も知らない者がひょっこり入っても、怖いのは当然です。
平松　いや、でもそこは無手勝流で、バーンと入っていったらいいと思います。
小川　とてもそんな……。京都のお店って、なんであんなに愛想が悪いんでしょう。おとい来やがれ、みたいな。

平松　そこはほら、これだったら梅干しを入れるとちょうどいいなとか、食べ物があると気楽になりますよね。物として対峙するというより、使うことを考える。何かの用途を考えて、これに使えればそれでよし、と。

小川　ただ眺めるだけしか出来ないものと、梅干しを入れられるもの、そこに決定的な差があるのかもしれませんね。海外の小さな骨董屋さんをのぞいたりして「これ、何ですか」と訊くと、お店の方がよくぞ訊いてくれましたという感じで説明してくれることがあります。それを買うかどうかは別にして、あっ、関係が成立したなという喜びを感じます。以前、遺髪でできたブローチというのを見せてもらったことがありました。新婚旅行で行った先のリヴィエラの風景を土台に貼りつけてつくってあるんです。ヤシの木が描かれていたりする。それ、全部、亡くなった奥さんの遺髪で出来ているんです。

平松　そうすることでいつも一緒にいたいという願望が叶えられたんでしょうね。

小川　ですから、その人にとってだけの特別な価値ですね。ところで、『海鳴り』のこのふたりは、どうなんでしょう。すべてを捨ててふたりで逃げて、片方が遺髪をいつまでもたもとに大事にしまっておくみたいな間柄になれるんでしょうか。

●男と女。相手に対して無垢《むく》であれば、相手も鏡のように

平松　私、純愛ものって、そんなに好んで読まないんですけど。
小川　フフ。そうですよね。
平松　はい。でも、この『海鳴り』は特別というか。忘れもしない、電車のつり革につかまりながらこの本の下巻を読んでいたんです。解説で、丸元淑生《まるもとよしお》さんが、その「十行あまりの文章は、おそらくわが国の小説史に残るであろう」と書かれているんですが、そのとき、まさにそこに行き当たって……もう、その場で膝から崩れ落ちそうになりました（笑）。ものすごくきれいなものに自分が触れている感じがしたんです。もう十年以上前になるのに、いまだにその感動が色あせなくて、忘れてしまったきれいなものがここにある。
小川　忘れてしまったんですか。
平松　いや、忘れちゃいないんですけど（笑）、忘れたくないなって。主人公の新兵衛は四十六歳。紙問屋の主人として商売は成功しているけれども、自分はこんなふうにしか生きられなかったのだろうかって、すごく虚《むな》しいものを抱えている。身を粉にして働いてきたのに、妻とは心が通じ合えず、跡取り息子は放蕩を繰り返

してばかり。体力や気力も衰えてきて、否応なしに老いも意識し始めている。そこで、おこうさんと出会う。

小川　男の人って、そういう願望があると言いますよね。最後のひと花みたいな。でも現実には九十九パーセントの人はそれを実行できないんだけど、この中ではそれが成り立っている。おこうさんと初めてちゃんと言葉を交わした時に、自分が言ったことがそのまま向こうに通じる、そのことの喜びみたいなものを彼が味わって、なんて素晴らしい人だと思う。

平松　これだけ思い入れてしまうというのは、冷え切った日常に倦《う》んでいた新兵衛の妄想もあったのかも知れない。でも単なる都合のいいストーリーテリングとは読めなくて。自分が相手に対して無垢であれば、相手も鏡のように何かを返してくる、そういう人間関係が、ことに男女の場合はありえるんじゃないかと思いたい。

小川　私は、むしろ奥さんのおたきさんの立場で読んでしまったところがあります。この奥さん、ご主人が言ったことを「ああ、そう」って優しくそのまま受け止めてあげることが出来ないんですよね。ふっと、私もそうだな、と身につまされて。

平松　それは私もそうですよ。夫婦なんて三十年も経てば、大なり小なりこういうものなのかもしれなくて。

小川　おたきさんは、なんでこんなトゲのある言い方しか出来ないんだとあとで反省するようなそぶりもあるんですが、新兵衛もこの年齢ですし、どこか男のずるさみたいなのもあって、おこうはおこう、おたきはおたき、両方平穏であればいいなという本音もちらっと出てくる。以前、ちょっと店の女の子に手を出して、浮気をしたこともあって、でもお金できれいに別れて、その人は今、お店をやっている。そのお店に時々行って、魚なんかむしってもらうと、とっても嬉しい。男の人って、なんてこう……。

平松　可愛いですよね。

小川　別れた女に魚をむしってもらうと、やっぱり嬉しいんでしょうか。

平松　それは、やっぱり、うちでやってもらえないから（笑）。

小川　私も、そう思ったんです。だからやっぱり、私も魚をむしってあげないといけないのかなと。人生もそろそろ終わろうかという、何でも出来る年になっても、男の人って、そうやってよしよししてもらいたいんですね。それが家庭の中で報われないと、別の道を求めてしまう。

平松　それでも藤沢周平《ふじさわしゅうへい》という作家がずっと描き続けてきた、人に頭を下げながら人間関係でもがき苦しんで生きている人たちに対して、いつか必ず光は射《さ》し込むんだという姿勢がこの作品でもやっぱり貫かれている。たとえどんな苦境にあったとしても、いつも薄い光がぼーっと灯《とも》っているような感じがある。そこがたまら

小川　なく好きですね。
　　　一生懸命仕事をしている男の人の尊さは、この小説のサブテーマと言ってもいいかもしれません。私、藤沢周平自体、初めて読んだんです。
平松　えっ。そうなんですか。
小川　はい。初体験がこれで良かった。
平松　これまで藤沢周平を読もうというふうに思われなかったのは、何か理由があるんですか。
小川　どういうわけか、縁がなかったんです。ただ、藤沢周平が、この小説かどうかはわかりませんけれどもある新聞連載の自作について、こんなにつまらない連載を読む人がいるだろうか、書いている本人がこんなにつまらないのだから、読まされている人は本当に気の毒だ、という意味合いのエッセイを書いているのを読んだことがあります。藤沢周平でさえそんなふうに思うのなら、私が思い悩んだところでしょうがない。それ以来、いつも自分を励ます時に、藤沢周平のことを思い出すんです。この自己評価の低さが、むしろ登場人物たちの人間的な深みになっていますよね。
平松　そうですね。逆にね。
小川　文章にも、人物にも、品格がある。息子が心中事件を起こした時に、相手の女性に対して新兵衛が、悪いようにはしないから、息子が悪いんだからと声をかけます。本当に心がこもっている。新兵衛は基本的には愛情深い人なんですね。仕事を頑張るにしても、人間関係を修復するにしても、彼の人格の中に、愛情に裏打ちされたものがある。

平松　新兵衛とおこうの関係にしても、互いをかけがえのないものとして、秤《はかり》にかけない。自分も信じて、相手も信じる。私が初めて藤沢周平を読んだのはシンガポールに旅をしたときでした。あそこはどこか人工的な感じがする街なので、私はどうにかしてその感じから逃れたくて、通りにあった日本の書店に飛び込んだら、そこにずらっと藤沢周平が並んでいたんです。『用心棒日月抄』を一気読みしたのを覚えています。

小川　飢《かつ》えていたものが、そこにあった。

平松　まさに。久しぶりに『海鳴り』を読み返しても、その魅力がまったく色あせてなくて、同じようなきれいさを受け取れるところにあらためて驚いてしまいました。年代的にも四十代、五十代になって、でもまだその先にこんなきれいな出会いがある。出会うことで人生がまた初期化された感じですよね。

小川　まさに初期化という感じです。そういう意味では『錦繡《きんしゅう》』も、あのふたりの元夫婦が再会して、ふたりの過去を初期化していく過程を描いた小説と言えるのかもしれませんね。

平松　そうですね。もうここまでと思っても、その先を生きていると……。

小川　ほとんど話し合いもしないまま別れてしまった夫婦。置いてきぼりにしてしまった現実を、本当はどうするべきだったか、月日を経て考え直している。「前略蔵王のダリア園から、ドッコ沼へ登るゴンドラ・リフトの中で、まさかあなたと再会するなんて、本当に想像すら出来ないことでした」。名作の冒頭の一文を集めたアンソロジーをつくるなら、『雪国』とともに必ず入る名文ですよね。書簡体小説の魅力にあらためて気づかせてくれる小説です。

平松　面と向かって振り返るにはあまりにもつらい過去——手紙という装置があるからこそ、このふたりはもう一度、過去と向き合うことができたんでしょうね。

小川　亜紀は阪神間に暮らす、恵まれた家のお嬢さんです。昭和のこの時代、実業家のお金持ちのお嬢さんって、きっとこうなんだろうと思います。お金の苦労はなくて、閉じられた世界ですべて回っている。ちょっと独特の文化圏です。ところが再婚して生まれた子どもには障害があった。この子が生まれた時に、彼女は、自分がこんな試練に遭ったのは前の夫のせいだと思ってしまう。そんなふうに思っているなら、過去に決着をつけない限り、彼女は幸せになれないし、その息子を本当の意味で受け入れることも出来ない。こうやって手紙をやりとりしたことは、この息子のためにもなったと思います。

平松　自分の境遇を「あなたのせいだ」と思いながら生きていくなんて、つらすぎますから。だけど、この子がいるから、終わったことに出来ない。終わらせようと思っても、引き受けるしかない現実を毎日突きつけられる苦しさが、彼女にはあったと思う。終わった過去であるはずなのに、現在がいつも過去を見せる。忘れさせないぞと毎日、言われているようなものですよね。

小川　終わった過去、記憶だけのことなら、折り合いをつけるのに十年もかからなかったでしょうね。男もお金持ちの建設会社のお嬢さんと別れた後、令子というスーパーに勤めている女と出会う。令子には主人公の亜紀が持っていない、たくましさとかわいらしさがあって、ようやくこの男も出会うべき人に出会った。それにはこれだけの時間が必要だったんだという小説なんですね。

平松　いろんなことをほどけないまま抱えてきたふたり。その一番ほどけなかったところがようやく氷解する瞬間が描かれている。それぞれのこれまでの人生が「いや、でもこれでよかったんだ」と一気に全肯定される瞬間ですよね。

小川　うまいですよね。本当に唸《うな》るほど、うまい。

平松　いやぁ『錦繡』、すごいです。

小川　人って未熟なまま、言い残したことがあるまま、互いの手を放してしまうことがある。きっとその方が多いですよね。

平松　だけど、いっぽうで、言葉にしなかったからこそお互いに救われるということもたくさんあるから、どっちが正解とも言えなくて。

小川　それこそ今は、フェイスブックさえなければ一生再会するはずのなかった過去の人と出会ったりしているんでしょうか。蔵王のダリア園で出会うならともかく、フェイスブックで再会して、メールで「私のどこがいけなかったの？」と訊く。

平松　ちょっと怖いなあ。

小川　危険ですよね。

平松　小川さんは別れた後で宿題を抱えているみたいなこと、ありますか。

小川　私は半ば無理矢理、過去は完全だと思うようにしています。

平松　おお、完全という言葉が出ましたか。

小川　どんな失敗も、どんな愚かな行いも、過去は、それはそういうものだったんだと。その代わり、先々のことは心配しすぎるくらいします。心配性の楽観主義者です。

平松　はい。やっぱり私も同じです。私がいつも思うようにしているのは、過去は必然だったのだと。自分がいまここにこうあるのは、やっぱりあの過去があったから、と。思い出したくない過去なんていくらでもありますけど、そのとき、いやいや、あれは必然だったと肯定すると、ちょっと救われる感じがします。

小川　河合《かわい》隼雄《はやお》先生とお話しした時にうかがったのですが、病や心の苦しみを抱えてカウンセリングに来る人たちは、自分の身に起こったことを必然に出来ない。いろいろな過去を、これは起こるべくして起こったとは思えない。後悔を昇華できないんだそうです。

平松　どうしてあのときにこういうことをしちゃったんだろう、どうしてあのときにこうしか出来なかったんだろうということに、とりこまれていくということですね。あの身を苛《さいな》まれるような苦しさは、逃げ場がなくてつらい。

小川　すでに起こってしまったことを、あれは必然だった、必要なことだったんだと思うためには、自分にある意味嘘をついて、物語にして昇華しないといけない。それが出来ないと病んでしまうんですね。

平松　ただ、あれは必然だったと自分の中でおさめていくにも、やはりエネルギーが要る。認めていく、肯定していく力。それを生きる力と言ってもいいのだけれど、何か前に向かっていく力を持つことは大事ですよね。自分をせいぜい、たかだかだなと思いつつ、まだ自分でわかっていない、何か知らないものがあるんじゃないかと目を向けていく。自分ひとりで出来ることって本当に限られていると思うので、そこで誰かと一緒にいてもいいし、仕事でも何でもいいんですけど、そうすると自分の中に自分でも思っていなかったようなものがふっと開く瞬間がある

小川　――生きる力って、出会う力でもありますね。人でも、あるいは芸術でもいいのですが、出会うことで人はそれまでの自分の人生を肯定するためのエネルギーを養うんでしょうね。

平松　自分で自分をあまり規定してしまわない方がいいのですね。せいぜい、たかだかと思っていれば、次がある。

●親と子。記憶のあめ玉に支えられて生き延びる

小川　佐野洋子さんなんて、まさにそうですよね。人を見る時も、せいぜい、たかだか。人なんてこんなものだと。佐野さんの文章のあの味わいは、そこからきている。自分も、人もという、ほとんど思想に近いものだと思います。

平松　『ラブ・イズ・ザ・ベスト』は、たくさんある佐野さんのエッセイの中でも初期の作品で、佐野さんの文章がまだ固まっていない時期だと思うんです。佐野さんならではのものの見方や修辞の原型がたくさんあって、ごつごつした文章の手触りがとてもすてきです。

小川　後年になると佐野節みたいなのが定着している感じがありますね。

平松　そうですね。晩年の『神も仏もありませぬ』も大好きなんですけど、巧みという

か、そこはまあ、好みの問題ではあると思うのですが、このときはまだ手探りしながら書いている感じがすごくあって。

小川　お母さんとの関係についても、まだまだ解決もしていないし、吐きだすところまでも至っていない。

平松「産んだだけなのよね」という一編、すごく好きなんです。女が生きていくと、産む性というところにいろいろ理屈がくっついてくるじゃないですか。でもこれにはそれが一切ない。そういう理屈とか言い訳が一切ないところで、女同士を肯定しあっている。母犬が仔犬《こいぬ》をぽろっと産んだみたいな、そういうありのままを見ている。佐野さんの視線の基本にはそれがありますよね。

小川「いかなる幸運も子供の心配で帳消しになってしまい」という一行に、ものすごく共感しました。そうやって母親が一生懸命になったとしても、結局は産んだだけなんですね。そして最後に「私たち、ただ産まれてきただけなのね」と、子どもの視点で言うところが、このエッセイの凄いところです。自分たちもかつて母親から生まれてきただけ、好きなように生きてきたじゃないかと。

平松　そうなんですよね。うっかり期待したり、思い悩んだりするかも知れないけど、結局のところは、産んだだけ、生まれただけなんだから、そこでよしとすればいい。母親と自分、自分と子ども、関係性がイーヴンですよね。そこがすごく好き。

小川　でも、なかなか言い切れないですよね、「産んだだけ」「生まれただけ」なんて。

平松　担当編集者さんに訊くと、本当に息子さんのことを愛していたそうですね。でも佐野さんは母親から愛されなかったと感じている。

小川　それで思い出すのがアンジェリカという娘さんの話。女優だったお母さんと二人きりで住んでいて、お母さんが「アンジェリカほど醜い女の子を私は知らない」みたいに言う。凄まじいエピソードだと思ったんですけど、たぶん佐野さんにとって他人事ではなかったから、こういうふうに書かざるをえなかったんでしょうね。

平松　佐野さんの目を通すと、この母子の関係はお母さんのこのせりふに集約されてしまうところがある。そうじゃなければ、妙に仲のいい親子で済むんだけど、自分と母親の関係性があるから、そういうところが見えちゃうんでしょうね。

小川　やっぱりテーマとしてずっとそれはあるんですね。

平松　あるんだと思います。この本の一番最初に、母親が化粧をする姿を描いた「口紅」を持ってくる。そこも示唆的だなと思いました。佐野さんのエッセイって、すかっとする、胸がすくという言い方をされることがあるけれど、それだけではない気がします。言いたいことを言い合って、お互いにイーヴンな関係でいられたら、と願っても現実はなかなかむずかしくて、もしかしたら佐野さんは、実はいろんなことから自由になりきれずにいたのかもしれません。

小川　これだけ愛情深いということは、それだけ心配も深いということですものね。

平松　書きたいように書いているようで、書かなかったことがたくさんおありになったのではないか、とも感じます。

小川　そうですね。現実には言わなかった言葉とか、違う言い回しで言った言葉とか、繕った状態で出てきていますよね、生の状態じゃなく。

平松　ええ。

小川　つぎあてをして。

平松　はい。

小川　そこに傷が隠れている。

平松　ほころびとか傷が、実はいっぱい隠れていて、読後はざらざらがいっぱい残るはずなのに、すかっとした言葉として受けとれるところが、佐野さんの文章の秘密だと思う。だからこそ、そこにものすごくいろんな厚みがあるんですよね。咀嚼《そしやく》したのちの言葉ではないところが、得もいわれぬ凄み。

小川　いろいろ印象深い女の人を見事に描写していますが、これ、佐野さん、自分のことを書いているんじゃないかと錯覚することが幾度かありました。佐野さんが誰かと出会うことで、ほとんど無意識に自分を表現しているみたいなところがあります。

平松　そうですね。現実の人間関係ではなかなかこうはいかないだろうと思うのですが、でもそこを言葉にすることで一歩踏み込んでみせた。言いたいことを言っているようで、口にしてはならないことがある、関係性のままならなさというのを佐野さんほどわかっている人はいなかったと思います。思い切りがよいように見えて、決して一枚岩ではなかった。その向こうに、ほころびや、諦めや、痛みをいっぱい抱えていらしたから、こんなにも人間を深くとらえるのだと思います。

小川　『自転車と筋肉と煙草《タバコ》』は、レイモンド・カーヴァーの最初の短編集『頼むから静かにしてくれ』に収録されている一編。それこそまだ彼がごつごつした手触りの短編を書いていた時期で、父と息子の関係がテーマになっています。

平松　友達の弟の自転車のことで少年たちの間で何かトラブルがあって、父親が呼び出されて出かけていくんだけど、よそのお父さんと殴りあいのケンカになってしまう。

小川　このお父さんの好きなところは、ケンカになっちゃって、息子と帰る道々、悪かったなと息子に謝るんですね。「変なものを見せて悪かった」と。

平松　一緒にうちに帰って、家の玄関までたどりついたときに、息子が「ねえ、筋肉を触らせてよ」って言う。あれって、やっぱり母と娘にはない、父と息子の関係ならではの直截な感じがあって、いいなあと思いました。小さい男の子にしたら、お父さんカッコイイというのもあったんだろうし、早くああいう大人の男になりたいなっていうのもあったんでしょうね。

小川　少年が最後、こう言うんですよ。「父さんが小さかった頃に知りあえたらよかったのになあ」。でも、「そう考えるとすごく寂しくなるんだ」って。男の子ってこんなこと考えてるんだなあと、私の少年愛がものすごくくすぐられる短編なんです。しょぼくれて、煙草さえもやめられないような気の弱い男なんだけれど、でもやっぱり息子にとっては、ある時期、ヒーローなんだと思う。そしてそれはまた、もう一つ上の世代の父親の記憶ともつながっている。

平松　この父親も、子どもの頃、父親がいまの自分と同じような目に遭ったのを見ている。いろんな思い出があるはずなのに、そのたった一度の殴りあいだけが、父親のすべてみたいに思っている。

小川　母と娘の関係もそうですけど、親と子の関係はたいてい、前の世代の関係と関連していますよね。たぶん息子にとって父親は、ずっとヒーローであり続ける必要はなくて、たったひとつのヒーローの記憶があれば、それで持つんじゃないでしょうか。お父さんが自分より強いものだという記憶が一瞬あれば、一生それを支えにやっていける。

平松　母親と息子の関係はどうですか。

小川　そうですね。息子の可愛らしさの記憶なら、私も五つくらい保存があって、それをつらいことがあると繰り返し思い出して、またしまっておけば、いつでも再生可能。だから百個も、二百個も要らないんですね。五つでも多いくらい、三つぐらいあれば十分（笑）。

平松　そういうことなら、私も五つくらいあります（笑）。

小川　ありますよね、心の支えの記憶。きっと男の子と女の子で全然違うと思うんです。

平松　ぜひ、ひとつ聞かせてください。

小川　どれにしようかな（笑）。じゃあ、男の子らしいのにしましょう。「叶《かのう》姉妹よりママの方がカワイイよ」って言ってくれたことがありました。

平松　いくつくらいのときですか。

小川　小学校に上がる前くらいだったでしょうか。何も私が訊いたわけじゃないんですよ。そんな話題に触れたこともないのに、テレビに叶姉妹が映って、子どもながらに何か感じたんでしょうね、華やかな女性的なものを。そして、そう感じた自分が母を裏切ったように思ったんじゃないか。

平松　そうか、いいなと思っちゃったんですね。

小川　ええ。それで言い訳するみたいに「ママの方がカワイイよ」って、取ってつけたみたいに言ったんだと思うんです。でもママは、どんな悪態をつかれても「叶姉妹より一瞬ママがきれいだったんだ」という記憶で生き延びられます。

平松　ふふ。

小川　女の子の場合はどんな宝物があるものなんですか。

平松　どれにしようかな（笑）。うちの娘が、やっぱり小学一年生くらいのときに学童保育に行ってたんですけど、一番最初にうちに戻ってくるから、お腹がすくだろうなと思ってパンを置いておいたんです。丸い形のパンだったんですけど、紙をかぶせておいて、いつものように置手紙をして。私が帰宅したのは、娘が寝た後だったんですが、帰ったら、そのパンが四分の一か五分の一くらい残してあって「たべてね」と書いてあったんです。

小川　まあ、習ったばかりの字で。

平松　そう。「おいしいから、どうぞ」って。

小川　全部は食べなかったんですね。

平松　たぶん最初はもっと残ってたんだと思うんです（笑）。

小川　きっと最初は半分、残していたのかもわかりませんね。

平松　はい。それでこう、紙をかけて、でもやっぱりまた食べたくなって、ちょっとずつ、ちょっとずつ……もう、ギリギリまで食べて。

小川　かろうじて残っていたわけですね。フフ。

平松　もう、見た瞬間、帰宅してからしばらくひとりで過ごしていた彼女の時間が全部伝わってきちゃって。

小川　ひとりで留守番をしていた時間が。

平松　ええ。帰ってきて、鍵をガチャッと開けて、ドアを開けて、家にあがったらパンがあった。半分食べて「あっ」と思って、それで途中でしまうんだけど、気になって気になってしょうがない……もう見た途端に、そういう全部がパーンとわかって、突っ伏して号泣しました。

小川　食べ切れなかったとかそういうことじゃなくて、おいしかったから、お母さんとそのおいしさを共有しようと思って、頑張ったんですね（笑）。女の子の方がやっぱり地に足がついている感じがします。

平松　女の子って何かそういう気遣いをしますよね。男の子は、やっぱりちょっと異性の要素が入ってくる。

小川　産んだだけなのに、そんなこと言ってくれるなんてね（笑）。

平松　本当に（笑）。こういう記憶が五つくらいあったら、もう、私もそれを記憶のあめ玉のように何百回とむいて、なめます。

小川　私もです。ですから、私、自分の親が死んだ時に、親孝行できなかったなと当然人並みに思うんですけど、でも、自分と息子との関係があるので、いや、そんなに悩む必要はないなと、自分自身を慰めることができました。きっと、うちの両親だって、何かすごく馬鹿げた、本人が忘れているようなことを、記憶のあめ玉にしていただろうなと思えるんですね。

＆〈日々の習慣がくれる偉大な力〉

小川　以前、大阪で女性の作家が集まってシンポジウムをやった時に、お客さんから「スランプに陥った時はどうやって脱出しますか」という質問をされたことがあります。中沢けいさんや津島佑子《つしまゆうこ》さんがいらしたんですが、「スランプってありますか」とみんなで顔を見合わせたんです。誰もスランプを経験したことがなかった（笑）。それはなぜなのかと考えたら、やはりお葬式の日でもご飯をつくらなきゃいけないのが女だからじゃないかという話になったんです。書けないからと言って苦悶《くもん》するんじゃなくて、書けなくても、とにかく習慣として机の前に座る。いつもと同じことをする。とにかく台所に行って、お湯を沸かすことから始めるように、机の前に座れば勝手に手が動き出す。

平松　おっしゃるとおりですね。スランプという言葉には、なんとなく自己愛が混じったニュアンスを感じますが、日常について言えば、いちいちスランプなどと言っていられなくて、どたばたしつつも乗り越えているようなところが女にはあるような気がします。

小川　いちいちスランプに陥っていたら、子どものお弁当なんかつくれませんよ。「今日はちょっとスランプだからパン買ってくれ」という言い訳は通用しませんから。

平松　ちょっと言ってみたいですけどね（笑）。

小川　はい（笑）。

平松　もちろんちょっと仕事や家事がしんどいときは誰にでもあると思うんですけど、それをスランプという言葉で表現してみても何も始まらないということを女の人たちはよく知っているのではないかしら。

小川　毎日同じことを繰り返すのは実は幸せなこと。地震のような突発的なことが起こった時に一番望むものは日常の当たり前の生活ですものね。

平松　ええ。私が食について書くようになったのは大学で社会学を勉強したのがきっかけだったんですが、日本に住んでいる外国人の方の台所を取材したのが最初でした。買い物をしてるのを観察して、その場で「取材させてください」って直談判《じかだんぱん》したんです。

小川　へえ。面白い方法ですね。直接スカウトして取材されたんですか。

平松　その人が買い物をしてる姿を見れば、なんとなく人となりがわかるんですよね。この人に話を聞きたい、という気持ちが湧いてくる。

小川　確かにスーパーのレジで並んでいる時、前の人のカゴの中をつい見ちゃいますよね。「あ、この人は今晩、湯豆腐だな」とか「この人はひとり暮らしだな」とか想像力をかき立てられます。台所で思い出したのですが、藤原辰史《ふじはらたつし》さんが書かれた『ナチスのキッチン』によると、システムキッチンはナチスドイツの発想なんだそうです。ナチスがやっていた合理的なものをどんどん突き詰めていくと、とにかく人間までリサイクルしちゃうわけです。ああいう強制収容所や人を焼くための焼却炉をつくった集団がシステムキッチンをつくったのかと思うと、非常に興味深い本でした。

平松　合理的な発想の中に潜んだ恐怖。

小川　効率という名のもと、母親の世代の台所にはあったけれど今はなくなっているものもいろいろありますよね。

平松　たくさんありますね。梅干しの壺なども危ういです。

小川　平松さんがエッセイで「カット・アンド・カムアゲイン」という園芸の言葉を引用されていたのが印象に残っています。一回刈り込んで、また元に戻す。料理もその繰り返しですよね。

平松　日常生活すべて、そういうところがあると思います。私がお釜でご飯を

小川　炊くのも火加減ひとつでこんなにも違う、そこが面白いからなんです。

平松　鶏《とり》のからあげの味つけも、今はお醬油《しょうゆ》だけだそうですね。

小川　ええ、お醬油だけで十分おいしい。昔はにんにくや生姜《しょうが》や五、六種類もスパイスをつかっていたこともあるのですが、複雑な味つけは結局鶏の味わいを消してしまうんだ、と気がついて。何人にも嘘でしょうと言われましたが、実際に試してみると、みんな納得してくれますね。

平松　かぶと豚肉の炒《いた》め物でも、調味料を見るとごま油、醬油、酒、塩。えっ、これだけと驚きます。ある意味、忍耐が要りますよね。ここでみりんを入れたいところだけど、いや、かぶの甘さにお任せするのだ、と。

小川　我慢と思わないで、かぶを信じる（笑）。もう十分なものがすでに目の前にあると思えば、どうにかやっていけそうな感じがしてきませんか。人間の味覚って、美味しさを感知するだけじゃなくて、生きる力、エネルギーにもつながっているから。まずは野菜を信じる、ついでに自分も信じる。

平松　野菜が一番、自分は二番。私は平松さんに比べたらまったく落第の主婦なんですけど、ひとつだけ自慢できるのは家に家庭菜園があるんですよ。だから野菜を信じられるかどうかということであれば、五分前に自分で抜いてきた水菜のことは信じられます（笑）。

平松　わあ、それは最高の信頼関係ですねえ！　いいなあ。うちはマンション暮らしなので、うらやましい。

小川　虫との競争ですけどね。明日くらい食べごろだなと思っていると、たいてい虫に先を越されます。土いじりをしていると、虫の偉大さと自分の小ささを実感できます。

第五章　旅立ち、そして祝福

小川洋子の2冊

『冥途』 内田百閒
（ちくま文庫　2002年）
「高い、大きな、暗い土手が、何処から何処へ行くのか解らない、静かに、冷たく、夜の中を走っている」。表題作は、書き出しの1行から異界へと誘われる、内田百閒の真骨頂。ほんの数ページであの世とこの世を往還する手際にも驚く短編集。

『ナショナル・ストーリー・プロジェクト』
ポール・オースター編　柴田元幸他訳（新潮社　2005年）
「いままで物語なんて一度も書いたことがなくても心配は要りません。人はみな、面白い話をいくつか知っているものなのですから」。オースターがラジオを通して全米から募り、「アメリカが物語るのが聞こえた」と感動した179の実話集。

平松洋子の2冊

『みちのくの人形たち』深沢七郎

（1979年著者発行の私家版／中央公論社　1980年）

純朴な主人に誘われ、東北の山深い里を訪れた主人公はその地の奇習を知る。お産が近づくと屛風を借りに来る村人たち。両腕がない仏さまと人形。土俗的なものが持つ大らかさとそこに浮かび上がる宿業を描いた名作。谷崎潤一郎賞受賞。

『月日の残像』山田太一

（新潮社　2013年）

『ふぞろいの林檎たち』『岸辺のアルバム』など名ドラマの脚本家のエッセイ。戦争で疎開した子ども時代、若き日の「抜き書きのノート」、親友寺山修司のこと、木下恵介監督の思い出など含羞に満ちた語り口も魅力的な35編。小林秀雄賞受賞。

●異界と日常を行きつ戻りつする作家

小川　『みちのくの人形たち』。今回初めて読んで、びっくり仰天しました。
平松　すばらしいでしょう。初めて読んだとき、私も総毛立ちました。
小川　知らないで読んだら、実話だと思ってしまいそうですね。東北の貧しい村の伝承譚。自然が厳しいその村ではみんなが生き延びるために否応なく行われてきたことがあった。今のように中絶がかなわなかった時代に、産声をあげる前に殺《あや》めれば、生まれなかったことと一緒だと。その役割を代々背負わされている家があって、そういうお産婆さんの家系だから「旦那様」と呼ばれてきた。そのための逆さ屏風《びょうぶ》という小道具がポイントになっています。産気づくと、村の人たちはわざわざ屏風をこの家に借りに来るわけでしょう。
平松　何もひとつの屏風をみんなで共有しなくてもいいのに、あえて一個の共同体として秘密を共有し、かつ許しあっていく。
小川　同時に、外部には絶対漏らしてはならない、という掟《おきて》の共有ですね。
平松　そのために三尺ほどの二つ折りの屏風をあからさまに運ぶわけで、当然、村人は「ああ、お産なんだな」とわかる。つまり無言のうちに告知しているわけですよ

小川　ね。その後、子どもが育っていないことも全部了解し、共有しあう。本来隠すための屏風によって知らしめる。その屏風を逆さに立てると、生まれた子を消す合図になる。

平松　『楢山節考《ならやまぶしこう》』にしても、やっぱり姥捨てでおぶって家を出る。暗いうちに山を目指すわけですが、おぶうという行為には、やっぱり無言のうちに知らしめるという共同体の約束事があるんですね。

小川　小さな共同体の中で、みんな平等に貧しいんだけれどそれぞれの家に何か役割がある。人間関係が濃密になっていけばいくほど、物語的になっていく。ページから立ち上って見えてくるようですね、そういう世界が。

平松　実際に伝承を採集したのかどうかはわからないけれども、東北のどこかの村にこういう風習があったと思わせます。

小川　語り手の男は偶然出会った見ず知らずの人から「もじずり」の花の話を聞かされる。それで東北の山奥にまで行って、図らずもその風習を目の当たりにしてしまう。でも最初はまさかそういうことになるとは思ってもいない。「もじずり」と言われてもどんな花か、見当もつかない。冒頭、平仮名で「もじずり」と出てくるだけでもう何か怖い感じがしますよね。

平松　導入部からして不穏な空気があります。百人一首に出てくる河原《かわらの》左《さ》大臣《だいじん》の歌、

小川　「みちのくのしのぶもぢずり誰《たれ》ゆゑに乱れそめにし我ならなくに」のあの「もぢずり」だと言うんだけど、歌は知っていても、ほとんどの人はもじずりの花を見たことがない。そうすると、どうしてもその花を見たくなりますよね。もじずりは土を選ぶから、どこにでも咲く花ではない。そこにある日、その人から、もじずりの花が咲くからどうぞ見にきてくださいと葉書が届く。そうやってゆっくり、ゆっくりと近づいてゆく。しかもその出会い方がじつに丁寧なんです。そう、丁寧ということが、語り手がその人を知っていくひとつのキーワードになっています。初めて出会った時から「もし来られたら何日でも泊まっていってください」などと言われる。訪ねて行くと「私に対する応対ぶりも、ていねいだった」。読者も淡々としたこのトーン、この作家ならではの独特の速度に乗っていけばいい。

平松　そうやって一歩一歩、にじり寄る。ゆるりと迂回《うかい》しながらじわっ、じわっと距離を詰めていく、深沢七郎《ふかざわしちろう》でなければ描けない世界です。

小川　深沢さんには別に怖がらせようとかゾッとさせようという下心はない感じがします。たぶんありのままを描いたらこうなる人なんでしょうね。むしろ何も考えずに描いているふうでもある。

平松　はい。だからいっそう妙な怖さが湧いてくる。

小川　怖がらせようと計算して「じゃあ、まずもじずりから始めよう」というんじゃないんですよね。そういう小手先の技術じゃない、作家の意図を超えた世界を描いている。その怖さですよね。奥さんが出してくれた料理がまた何でもない食べ物で、「丸ぼしの焼いたのとトマトやレタスの皿と、椎茸《しいたけ》の煮つけに玉子焼きがある」。山蕗《やまぶき》の煮たのもある。別に普通なんですが、この世界でこれを言われるとそれだけで不気味です。なんだか丸干しの焼いたのが、食べてはならない、この世の食べ物じゃない何かのように思えてきます。

平松　いかにも村里の食卓というふうに描いていないからじゃないでしょうか。山菜だのいろいろあると言ってるのに、トマトやレタスの皿があるのが微妙な違和感を醸し出す。

小川　本当に冷蔵庫にあったものを切って出したみたいなね。そこがかえって実話っぽいですね。

平松　日常の裂け目みたいなものがたくさん用意されていて、語り手はそこに分け入っていく。それこそ冒頭の「もじずり」の花も、日常から異界へと接続する裂け目ですよね。その花を見てみたいと思ったばっかりに、車で十何時間もかかって迷いに迷いながら山奥にたどりついて、トマト食べて、背中まで流してもらって。最初から村の風習について知りたいと思って訪ねたわけでもないし、これ以上訊かない方がいいという礼節みたいなものもあって、距離を縮めないままずーっといくのに、裂け目に潜って、潜っていった先でパーンと「先祖のこの仏さまには両腕がないのです」と突きつけられるから余計に衝撃的で。

小川　今思い出してもぞっとします。

平松　ないという、その両腕に摑《つか》まれて引きずり込まれてしまう。でもプロットを立てて、流れをつくってという作為ではないですよね。計算してつくったという感じがしない、体と言葉が合わさったときにこういうものが生まれいずるのかなという感じを受けます。

小川　本当に経験した順番に語っているだけ、という感じなんです。物語の流れはすでにそこにあって、何かの拍子にそれに乗っちゃって、流されるまま行って、どうにか還ってきました、みたいな小説になっている。

平松　この語り手は、自分の目の前に現れてくるものを終始じっと見るでしょう。感覚を研ぎ澄まして、でも距離は縮めず、ともかくじっと見る。

小川　観察者に徹していますよね。この人から何か手出しをして事をどうにかするということはひとつもない。

平松　読者も知らず知らずこの語り手の目になっている。だからこそ逆さ屛風を実際に見たときも、両腕のない仏様を見たときも、目の前にその奇異な感じがあらわれてきて、最初から最後まで距離を縮めないままずーっといく。こういう小説を、あまり読んだことがない気がします。その仏様は産婆で、罪を犯した両腕を肩のところから切り落としたのだという。しかもその姿で三年生きた……また絶妙なところで、男の子と女の子、ふたりの子どもが出てくる。両肘《ひじ》をぴたりと横腹につけていて、どこかで見たことがある。その時は思い出せなかったのが、帰りに土産物屋でこけしを目にしたとき、ふたりの子どもの姿と重なって見える……。

小川　両腕のない人形ですね。

平松　私、これ何十回も読んでいるんですけど、読後感が一度も薄れない。必ず最後に総毛立つんですよ。バスの中で振り返ると、乗客たちの顔も、こけしに見えたというあの情景に震撼《しんかん》します。ここにいるバスの乗客も、この語り手も、読み手もみんな、消された子どもだったかも知れないし、消されなくてここにいるのかもしれない。このぞっと総毛立つところに至るまでのもじずりの花だったのかと。

小川　この最後の四行は、ピリオドを打つためにどうしても必要だったんでしょうか。殺された子どもを送る「いろは送り」の三味線《しゃみせん》の音が聞こえるはずもないのに、聞こえてくる。

平松　「太棹《ふとざお》三味線の音が聞えて、バスの外の風景は、あの屛風の絵の山や森になって人形たちは並んでいる」、最後の四行ですべてを屛風の絵に返すんですよね。普遍的な物語の中におさめて、完結する。

小川　ああ、完璧な完結ですね。『みちのくの人形たち』と、タイトルが複数になっている理由がそこでわかるという怖さもあります。出てくる人たちも、人形も、姿が見えない赤ん坊も、みんな、異界をまとっている。それが日常生活の中に入りこんできて、地続きになっている。こっち側の世界と異界を自由に行ったり来たりしているのに、どうしてか緊張感を感じさせないんですよね、この語り手は。

平松　たぶん、それも距離を縮めないからじゃないですか。

小川　なるほど、それで実話っぽい感じがするんでしょうね。これは深沢七郎がつくった話じゃなくて、この村ではそういうことがあって、この人はそれを見たんだと思わせる。こういう小説を読むと、やっぱり文学の中で出会う異界が本物の異界だなと思います。実生活で外国のホテルに泊まっている時、ちょっと幽霊みたいなものを感じたという体験よりも、文学の中で出会う異界の方がずっと生々しいし、心の深いところまで届いてくる。

平松　それこそがまさに物語を読む醍醐味なんだと思います。淡々としているのに、作り事という感じがしない。描かれているのはいわゆる奇習のようなものだけれど、物語世界の中に入っていくと、明らかに自分がその一部として生かされているのがわかる。奇妙な習慣ではあるけれど、なぜか拒む気にはなれない。いざなわれていくうちに、むしろ自分の中にもそういう感覚があるんだなと発見する――。

小川　瀬戸内地方出身の人間からすると風土は全然違うんですけれどね。東北地方の冬の雲の垂れ込めた日の射さない雰囲気は、晴れの国、岡山の人間からすると縁遠い。でもやっぱり無関係ではいられない。女性としてそう思うのかもわかりませんけども。子どもを産む側の人間としてね。

●生きていくには異界への回路が要る

小川　それで今、やはり東北のごく限られた地方の風習、ムカサリを思い出しました。子どもが幼くして亡くなると、その死んだ子があたかもその先の人生を生きているかのような、幸せな家族の風景を絵馬にしてお寺におさめるんです。一番多いのは結婚式の絵馬ですね。それを雑誌の特集で読んで強烈な印象を受けて、私、見に行ったんです。たとえば、三つで死んだ子が二十歳になった時にこういう女の人と結婚しましたという絵馬を、親御さんがおさめて、毎年お参りに来るんです。ちょっと地域が変わるとその変形で、ガラスケースの中に亡くなった子が好きだったおもちゃや、生きていたら結婚したであろう奥さんの人形をおさめていたりする。ひとつひとつのケースが、ドールハウスみたいに、小さな架空の世界を作り上げているんです。

平松　それはどういう人形なんですか。

小川　それ専用というわけではないようです。フランス人形もあれば、市松人形もありました。

平松　とにかく「ひとがた」なんですね。

小川　そうですね。でもちゃんと名前がついていたりするんですよ、結婚相手に。あれはちょっと独特だと思います。しかもそう古い習俗ではないんですよ。明治以降、つまり我が子が若くして戦争で死ぬということが耐えられなかったんですね。病気で死ぬのなら自然の摂理なんだけれど、戦争で子どもを亡くすということをどう気持ちとしておさめたらいいか。この葛藤がムカサリになったのでは、とお坊さんから聞きました。

平松　収めきれないですものね。納得のしようがないわけだから。

小川　そうなんですよね。ですから、せめてお嫁さんをもらうまではと。お嫁さんさえもらえば新しい家族ができて、親の責任は果たせるということなんでしょうね。そうやって理不尽な現実を物語にして受け入れてきた人々の賢明さを、切実に感じます。しかし仏教としては、それは成仏してないことになるわけですよね。ですからお寺もそういうものをおさめるのに、宗教的葛藤はあるようなんです。ただ、檀家さんとお坊さんのやりとりの中で、人間らしい解釈でそれをお寺へおさめているんですね。

平松　大きい意味での供養のかたちとしてとらえている。

小川　そうなんです。でも考えてみれば、お盆に亡くなった人が帰ってくるからと、なすやきゅうりに割り箸《ばし》を刺して飾っておくのだって奇妙な風習ですよね。

平松　なすは牛、きゅうりは馬で、馬に乗って早く来て、牛に乗ってゆっくり帰る。今はもう、八月にお盆をやっているんですけど、うちでは昔は旧暦の七月にあわせてやっていました。

小川　うちも旧暦でした。関東と関西でも違うみたいですね。

平松　そのせいか、七月の声を聞くといつもなんとなくざわっとするんですよ。そういうの、ないですか。

小川　ありますよね。夏は死者の季節という印象があります。原爆が落ちたり、終戦があったり、御巣鷹山《おすたかやま》に飛行機が落ちたり……。

平松　六月にはまだそんなこと思わないんです。でも七月に入ったら、ふっと何か一緒にいる感じがする。子どもの頃からなじんだ習俗って案外、根深いものがあるなあと、年齢を重ねれば重ねるほど実感するようになりました。

小川　習俗とか習慣ってそうですよね。子どもの頃からそういうものだと聞かされてやってきたことだから、理屈より先に体で覚えている。

平松　子ども心に意味がわからないから「これ何で?」って親に訊いたりして。「これは牛でね」「馬でね」というのを聞くと、ああ、亡くなった人が帰ってくるのを待っているんだなと。「一緒に座れ」って言われて般若心経《はんにゃしんぎょう》を唱えたときの「ぎゃーてー　ぎゃーてー　はらぎゃーてー」という響きとか空気の震えのようなものもいまでもよく覚えているんですけれども、それが夏になると戻ってくる感じがします。お盆って、私、何となくすっきりするんですよ。迎えて送り出すという行為が重いものじゃなくて、逆に風通しのいいものに思えて。

小川　そういう気持ちにさせるように積み重ねてきた風習なんでしょうね。死んだ人をどう扱うか、長年人間が苦しんできた問題だと思うんです。そこにいつからかお盆というやり方を編み出して、繰り返し繰り返し何年もやっていくうちに、それが死者の欠落を悲しむのではなく、生きている人の心が鎮まるような行事として収斂《しゅうれん》されていった。子どもだから、そういうのを余計に敏感に感じたのかもわからないですね。

平松　そうですね。生活の中で死者とともにいる時間を、やっぱり人間はどこかで求めているのだと思わせられます。でも、普段はさすがに日常生活も成り立たないし、お盆だから〝期間限定〟で今ここにいない人と一緒に過ごすということが許容されている。ふたたび帰っていくのが前提だから、死者を迎え入れることが出来るのかもしれません。

小川　そのための乗り物まで用意するなんて、人間って健気《けなげ》ですよね。山形県のある地域では牛や馬じゃあまりにも時間がかかるからと、ミニカーをお供えするという話も聞きました。死んだ人のためを思ってランボルギーニの模型を買ってくる。なんて人間っていじらしい生き物なんでしょう。なすやきゅうりで牛や馬をつくった人も、最初はそういうノリだったのかもしれない。

平松　『みちのくの人形たち』にしても、だから屏風が要るんでしょうね。そこに屏風を立てることでひとつの結界をつくる。ひとの知恵というのはつくづく凄いですね。習俗の中にちゃんと舞台装置がつくられている。

小川　それがあることで、その向こう側で起こったことはないことにできる。少しでも罪悪感を持たないで済むように、そういう解釈をしている。

平松　結界という装置も日本独特のものですよね。どこかの通路の途中に石が置いてある。ただの石ころであっても、ここから先進むべからずという意味がこめられて置いてある。すると、もう足が進まない。決して踏み込むことができないですものね。

小川　ですから、あの「屏風」って、内《うち》田《だ》百閒《ひゃっけん》にとっての「土手」なんですよね。百閒は繰り返し「土手」のことを描きますが、それはつまり「結界」なんです。「土手」の向こうとこっちでは空気が違うんです。

平松　はい。だから私が『みちのくの人形たち』を挙げて、小川さんが『冥途《めいど》』を挙げて、この二冊が揃《そろ》ったというのは偶然とはいえ、ぞくっとしました。

小川　偶然じゃないかもしれませんよ。内田百閒と深沢七郎が決めたんじゃないでしょうか。私たちが決めたんじゃなくて。「深沢くんが行くなら、わしも」という感じで百閒がついてきた（笑）。

平松　意外に気が合うふたり（笑）。

小川　内田百閒は岡山の古京町《ふるぎょうちょう》の出身で、私が生まれた森下町《もりしたちょう》のすぐ隣なんです。旧道の二百メートルしか離れていないところに百閒の生家があって、その旧道を通り過ぎたところに土手がある。土手の向こう側が旭川《あさひがわ》で、その向こうがお城なんです。子どもの頃、その土手でよく遊びました。ダンボールを敷いて滑ったり、土筆《つくし》を摘んだりして。五時になるとお城の隣の県庁がドヴォルザークの「家路」を鳴らすので、そうしたら土手を登って、こっち側に帰ってくる。それを毎日繰り返していました。ドヴォルザークが鳴ったら、土手の向こうに帰らなくちゃいけない。日常の中にあの長い土手が一本貫かれているというイメージがたまたま私の中にあったものですから、百閒文学に触れた時に、土手が作品の中で果たしている役割が自分の体験と結びついて、一層のめり込んでいったんです。

平松　土手は百閒の中では「結界」でもあるし、遠い過去にさかのぼっていく「装置」でもありますよね。空間軸だけではなく、時間軸でもある。

小川　時間をさかのぼらなければ、死者にもあえませんしね。でも『冥途』も、やっぱりヘンな小説です。

平松　これも冒頭が見事ですよね。「高い、大きな、暗い土手が、何処《どこ》から何処へ行くのか解《わか》らない、静かに、冷たく、夜の中を走っている」。特に奇をてらってるわけでもないし、淡々としているのに、一行目からすでに怖い。

小川　かなり不穏ですよ。言葉だけの力によって土手の向こう側に引きずり下ろされるような力があります。

平松　土手があって、その土手の下に一膳飯屋がある。明快に高低の位置関係が描かれているんだけれども、だんだん一膳飯屋がどこか宙に浮いているような感じになって、居場所があいまいになってゆく。

小川　位置関係を説明されているのにもかかわらず、遠近感がないんですよね。距離感がつかめないまま、この世界に入っていかなくちゃならない。語り手の「私」は一膳飯屋にいて、客の話す声が聞くともなく耳に入ってくるんだけれども、それがまた「提燈《ちょうちん》をともして、お迎えをたてると云う程でもなし、なし」って、なんで「なし」を二回言うんだろうと、妙な違和感がひたひたと迫ってきます。語り手の「私」は、じゃあどこにいるのか、いつしか輪郭がぼやけてくる。また、ここでも食べ物がいい味を出していますね。

小川　「酢のかかった人参葉」と、「どろどろした自然生《じねんじよう》の汁」。

平松　ここで何を出すかは重要です。レタスとトマトの皿なのか、自然薯《じねんじよ》の汁なのかによって質感がまったく変わってくる。

平松　音がまた凄い。目張りをしたビードロの筒の中に熊ん蜂を入れると、蜂が筒の中を行ったり来たりして、バリバリ、ビリビリ、オルガンのように目張りの紙が鳴る。ただの羽音じゃない、熊ん蜂が筒の中で紙を震わせる音なんて、耳が過剰反応してどうかなってしまいそうです。

小川　非現実的な、とんでもない音として響いてきますよね。

平松　その筒をかんしゃくを起こして庭石に投げつけて割る音。その音に「お父様」と泣きながら呼ぶ声が重なって、この三段階の音の攻めときたらもう。

小川　この時点で、大人だったはずの「私」は、いつの間にか子どもに戻っている。遠近感から、聴覚から、時間からすべてがゆがめられて、めまいを起こしそうなところに「そろそろまた行こうか」という謎のひと言が聞こえてくる。でもこのひと言で死者の言葉なんだなとわかるんです。

平松　「それから土手を後にして、暗い畑の道へ帰って来た」と書かれるのですが、帰って来て、どこに向かおうとしているのかはわからない。

小川　文庫本でたった五ページほどの小説なんです。こういうのを読まされると、四百枚も五百枚も書いている自分がバカみたいだなという気がしてきちゃうんですよね。

平松　いえいえ、なにをそんな急に（笑）。深沢七郎と内田百閒、ふたりともに共通していることのひとつはどこかおかしみがあるってことでしょうか。おかしみの質は全然違うんですけど、なぜかひっそり笑えます。

小川　異界を覗《のぞ》かせるこの怖さと彼らが持っているユーモアというのは別にかけ離れていない。表裏になっていて、見せ方によってどっちも出てくる。ユーモアと恐怖は実は背中合わせになっていて、境界線がないんですね。

平松　禍々しさと笑いって、実はそう遠くない。

小川　人間はそこにいるだけで滑稽な存在であるということの証明なんでしょうか。ヒトは生きているだけでヘンだし、滑稽だし、愛《いと》おしい。一生懸命生きている人間のおかしみみたいなものが本質的な文学にはおのずとあらわれてくるんでしょうね。百閒自身も、深沢七郎に負けず劣らず一筋縄じゃいかない人で、偏屈で、みんな扱い方に苦労していたようですね。でも非常にユーモアにあふれたエッセイも書いている。

平松　内田百閒が駅長の格好をして、にらみを利かせている写真があるでしょう。本人は真剣そのものなのに、あのおかしさったらないですものね。

小川　汽車は目の中で走らせても痛くない、というほどの鉄道好き。『第一阿房列車』に、「なんにも用事がないけれど、汽車に乗って大阪へ行って来ようと思う」と書いていますが、無目的で汽車に乗るためには行きしか楽しめない、帰りは帰るという目的ができるからもう嫌だという。奥さんになったらとてもつきあいきれないだろうし、担当編集者としてもたぶん大変だったと思うんですが、読者としては十分愛すべき人です。

平松　日常から逸脱する回路、それこそ物語の役割と言ってもいいと思うのですが、日常の中に生きていく上ですごく必要な、大人にも子どもにも求められているものですね。

●どのように老いるか。どうやって死んでいくか

小川　この間、とある犯罪心理学者の先生が、子どもの証言は裁判では有効性がないんだ、とおっしゃっていました。なぜかと言うと、たとえば実際は行ってもいない

のに「昨日のイチゴ狩り、楽しかったね」と言うと、子どもは乗ってきて、すごく具体的に行ったかのようにしゃべる。便宜上、道徳的に「嘘をついてはいけません」と教え込まれているけれども、人間は本来、嘘をつくように生まれついているようなんです。たぶん進化の途上で生き残ってゆくために、言葉とともに、嘘をこしらえる能力が必要だったのではないでしょうか。現実とだけつきあっていたら、とても生き残れなかったんでしょうね。

平松　人は、思いがけず不慮の事故とか天変地異とか理不尽な出来事に遭遇しながらも生きていかなければならないときがある。そういう受け入れがたいものを受け入れざるをえなくなったときに、物語を求めるんだと思うんです。現実だけではとてもやっていけないから、異界との通路のようなものを自分から引き寄せる。日常とは異なるものがあるからこそ生きていけるというような。

小川　確か養老《ようろう》孟司《たけし》さんがおっしゃっていたと思うんですが、人間は解剖しちゃうとみんな、一緒なんですってね。日本人だろうがフランス人だろうが、いい人だろうが悪人だろうが。しかし、みんな一緒という理にかなった科学的な輪郭だけでは収まりきれないものを、人間は抱えて生きていかなくてはならない。理屈が通らなくても許される入れ物が必要です。それが芸術なんでしょうか。

平松　文学、音楽、絵画……全部そうですよね。

小川　「きゅうりに割り箸突き刺したって、死んだ人が帰ってくるわけないよ」と言ってしまったら元も子もないようなことを、心の支えにして日々生きていかなければならない。幼くして死んでしまった子が、実はあの世では結婚しているんだと思って花嫁人形を一緒におさめる。「そんなバカなことをしたって子どもは帰ってこないんだ」と理屈を押し付けられても、そうせざるをえないのが人間なんです。

平松　そう言えば、この間、ある人が銀座に行ったついでにちょっとした調査をしたと言うんです。銀座って結構、お稲荷さんがたくさんあるでしょう。王子製紙《おうじせいし》の近くにも小さなお稲荷《いなり》さんがあって「一体どのくらいの人があのお稲荷さんに手を合わせるのかな」と思って、チョウシ屋のコロッケパンをかじりながらしばらく見ていたら、わずか十分間のうちに二十人が立ち止まって手を合わせていったのですって。

小川　『週刊文春《しゅうかんぶんしゅん》』にそういうコーナーありましたよね。なんとか探検隊みたいな。

平松　堀井憲一郎《ほりいけんいちろう》さんの長寿コラムですね。愛読してました。それにしても十分間で二十人って結構な人数ですよね、凄いなと思って。

小川　都会のど真ん中で、みんな忙しく働いている時間にね。

平松　それこそ西行《さいぎょう》が伊勢神宮《いせじんぐう》にお参りしたときの歌、「なにごとのおはしますかは知らねどもかたじけなさに涙こぼるる」。現代のせわしない日々を生きている人たちも、お稲荷さんがあれば自然に足を止めて思わず手を合わせる。なにごとのおわしますかはわからないけれども、手を合わせてしまう心情を、日本人はやっぱりいまだに大切に持っているんですね。その話を聞いたとき、なんだか感じ入ってしまいました。

小川　なるほど、いい話ですね。日本人も捨てたもんじゃないという気になりますよね。

平松　内田百閒がこれほど読み継がれているのも、そういうことかもしれない。

小川　つまり現代人である我々も、生きている人間だけで生きていると息が詰まってしまう。やはり死者も必要で、その死者とどうやって出会えるかというと、文学や行事の中にその回路があったりするわけですね。

平松　どんな時代であれ、人は異界への通路を必要としている。だけどいまって死者とのつきあい方みたいなものがすごく難しいのかもしれません。

小川　でしょうね。今はむしろ死に方が難しくなっている時代で、どうやって子どもに迷惑をかけないで死ぬか、という方向に問題がシフトしている、死者とのつきあい方の手前でみんな、右往左往しているという感じです。

平松　どういうふうに老いていくか。どういうふうに死ぬか。かつて死は否応なく訪れるもので、選択するものではなかったはずなんですけど、いまって死に方も選べてしまう。

小川　医療が進歩したおかげで、昔なら死んでいた病気も今なら治る。そのぶんどうやって死んだらいいのかと考える時間がたっぷりあって、しかも選択肢があって選べる。でもそれもある意味しんどいですよね。

平松　そう思います。考え過ぎると、どうやって死んだらいいかさえわからなくなっちゃう。

小川　あるいは遺伝子から病気のリスクがあらかじめ診断できたりもする。あまりにも選択肢があるゆえに、かえって混乱をきたしている。

平松　そう思うと、理不尽な不幸というのは、おおきなものの中に身を委《ゆだ》ねることを意味しているのかもしれません。『楢山節考』のおりんさんも、自ら死ぬために山に行きますものね。自分が長生きすれば、食べるものが不足して家族が困窮する。だから曽孫《ひまご》が生まれる前に山に行きたい、その日は雪が降ればいい、そうすれば早くお迎えが来る——。いまだってみんな長生きはしたいけれど、長患いをしたらどうしようと思っている。最近は、脳溢血《のういっけつ》や脳梗塞《のうこうそく》とかで風呂上がりにふーっと倒れて、そのまま寝たきりになるケースも多いと聞きます。ある友人は旦那さんとお互いに約束をしていると言うんですよ。旦那さんは七十代で、彼女はしょっちゅう「どうやって死にたい？」って訊くそうなんです。あんまりしょっちゅう訊くものだから「君はそんなにおれを殺したいのか」、「いやいやそうじゃなくて、どうしたいかわかっていないと困るから、ちゃんと聞いておかないと」。べつの友人夫婦は、万一片方が目の前で倒れたら、「大丈夫？　大丈夫？」って言いながら、頭をぐらぐら揺すり合おうねって約束しあってるというんです。へえ周到ねえ、と感心した（笑）。

平松　ああ。余計出血させるように。

小川　そうらしいです。

平松　それって、屏風を逆さにするのと一緒ですよね。その時が来たら、脱衣所のドアを閉めて揺する。それが合図になる。

小川　どっちがどっちでも、そのときはお互い絶対にそうしようねっていう約束。長引いて相手に看病の迷惑をかけたくない、拘束したくない、と。

平松　死ぬことよりもそっちの方が心配。

小川　うるわしい夫婦愛（笑）。

平松　ブラックジョークみたいだけど、ちょっとわかる（笑）。

小川　それこそ『みちのくの人形たち』や『楢山節考』に出てくる共同体みたいな話なんですが、彼らは「あのね、うちはね」ってこの話をあちこちで話しているので、いざそうなったときには「あ、揺らしたな」（笑）。みんなにわかっちゃう。

小川　できることなら、自分が死んだことに気がつかないぐらいな死に方をしたいんですが。

平松　やっぱり、ぴんぴんころりがいいなあ。

小川　でも選べないですしね。

平松　これぱっかりはね。念ずれば叶うというわけにはいかないから。

小川　ぽっくり寺とかころり観音とか、日本全国あちこちにあるのはそのせいでしょうね。岡山にも嫁の手をわずらわすことなく往生できるという、嫁いらず観音がありますよ。

平松　そこまで死に方について考えるようになったのは、延命治療が進んだからでしょう。本人はこのまま逝《い》かせてくれと思っていても、人工呼吸器をつけてでも長生きしてほしいと子どもに願われたらどうするのか。自分一人の希望だけで周りが幸せになるとも限らなくて、子どもに罪悪感を味わわせたくないというのもありますしね。

小川　本当に人それぞれ、みんな、考え方が違う。そこをちゃんと認識しないとね。「それは間違っている。こっちが正解だ」と言う権利は誰にもない。

平松　本当にそうですね。それがどんな選択であれ、その選択が責められるものではないという認識が少しずつ育つといいですね。

小川　そうですね。それこそ何回かお盆を重ねていくうちに「おじいちゃん、あんな死に方でかわいそうだと思ったけど、でもやっぱりあれはあれで意味があったんだな」とか「幸せだったんだな」と解釈が変わってくる時が来ますからね。

平松　受け容れてゆくことで、その人自身も成長して変わっていくのかもしれません。

小川　時間が解決することってありますからね。どんな死もこれでよかったと思える時がくる。そう思わないとやっていけませんよね。戦争で死ぬということはそれが出来ない。アウシュヴィッツで死んだ人たちは「これでよかったんだ」とは永遠に思えない死に方を強制されたんです。

●平凡な人生を生きる大多数の人たちの矜持《きょうじ》

平松　山田太一《やまだたいち》さんのエッセイ『月日の残像』は、最近読んだ本の中でもとりわけ心動かされた一冊です。一九三四年生まれ、八十代を迎えられた。これは九年間にわたって七十代の日々に書かれたエッセイですが、たとえば若い頃に抜き書きしたアルベルト・モラヴィアの言葉が今なお生き方を支えている。若い頃に出会ったいろんな言葉を抜き書きして、言葉によって自己を確立していったかたであるというのも、山田太一という人を語る上で非常に興味深いのですが、現在もそれらの言葉が古びたものとして片づけられてはいない。自分の中の不条理をずっと抱えながら生きてきた方だということがよくわかります。不条理を抱えているからこそ、どこかくすりと笑えるところもあって。

小川　そこがまたいいですよね。私もいろいろクスクス笑いました。

平松　「武蔵溝ノ口《むさしみぞのくち》の家」なんて、得も言われぬおかしみがある。山田さんにしか書けない文章だと思うので、少し長いですが読ませてください。「私はずっと川崎市《かわさき》に住んでいる。それには諸事情もあるが、どこかで東京に出て光を浴びたくないという心持ちのようなものがあるような気がする。東京に住んだって光を浴びるとは限らないのだから、これも無茶苦茶な思いようなのだが、それなりの収入を得たから青山《あおやま》に住むとか白金《しろかね》で暮すとかいうようにストレートにはいかないところがある。それはもともと下町の育ちということもあるが、成功のもたらすマイナスへの、しなくてもいい人間の、阿呆らしい用心のようなものが、自分にはあるような気がする」。

小川　言い訳がましく書いているんですが、なるほどと思います。

平松　拗《す》ねていないんですよね。卑屈になっているわけでもなく、でもやっぱり山田さんの中には、ひっそりとした生き方が自分には合っている、そういう生き方が好きなんだという矜持が厳然とおありになる。その佇《たたず》まいが胸に迫ってきます。

小川　私がいいなぁと思ったのは「三男と五男」に出てくるエピソードです。山田さんは三人のお兄さんを肺結核で早くに亡くしていて、三男坊のお兄さんは絵がうまかった。小説雑誌の挿絵画家だった岩田専太郎が兄の神で、ピカソやクレーでなくてよかった、その頃の我が家にぴったりのわかりやすい神だった、というところ。自分たちの価値観、身の丈がちゃんとわかっていて、そこを無理にはみだしても結局痛い目に遭うだけなんだと承知している。きっと世の中の平凡な大多数の人は、みんなそうなんじゃないでしょうか。みんな、自分の身の丈の人生をそれぞれにひっそりと生きていますよね。

平松　だけどひっそりと生きていくというのは、それはそれで生易しいことではないんだぞということもちゃんと書かれている。「女と刀」に出てくるバナナの話なんて、すごく厳しいことを書かれている。でも妙におかしいですよね。

小川　そうそう。電車の四人掛けの席で一緒になった男が何を思ってか、バナナをカバンから取り出し、食べろ食べろと勧めてくる。ほかのふたりは貰《もら》って食べるんだけど、山田さんは断った。「遠慮じゃない。欲しくないから」と。そうしたらなぜ場の空気を悪くするんだと、みんなが怒り出す。

平松　たちまちなごやかになれる人はなごやかになれない人を非難し排除しがちだから怖いという。パッと時流に乗ってついていく人もいるだろうが、ついていけない

小川　人の気持ち、自分に対するプライドや自負だってあるんだぞ、と。

平松　別に黙っているからと言って、言葉を持っていないわけじゃないし、黙っている人の声もちゃんとあるんだぞ、ということですね。沢村貞子《さわむらさだこ》さんと藤原釜足《ふじわらかまたり》さん、元夫婦を共演させた時のエピソードもそうです。離婚してずいぶん経っているから大丈夫だろうと思っていたけれども、ふたりは決して目を合わさなかった。それを見て山田さんは、ふたりに「ひとの過去を軽く見るなよ」と言われたような気がした。そういうその人のどうしても譲れない過去、ずっと地層のように積み重なっているその人の土台になっているようなものを、感じ取る力もまた高い人なんだと思います。

ご兄弟を次々結核で亡くしたうえ、お母さんも小学校四年生のときに胃がんで亡くされているんですよね。疎開先でお葬式をすることになるんだけど、よく知らない近所の男の人たちがどやどやとあがりこんできて、母親の上半身を起こして剃刀《かみそり》で髪を剃り始める。なすすべもなく丸坊主にされ、素っ裸にされ、棺《ひつぎ》に入れられていく母親を小学生だった自分がずっと見ている——少年にとって非常に怖い情景です。つまるところ、戦争体験もふくめ、人の死や別れをたくさん見てきたかたなんだと思います。生きていくうえでどうしても受け容れざるをえなかった過去がある、そういうひとつひとつを決して忘れないという生き方。「どこまで行っても自分は浅草の食堂の息子なんだ」と繰り返し、自身に刻み込むようにして書く。

小川　なんでそこまで、というくらいにね。あのまま家族で食堂を営んでいたなら、ここまでそのことにこだわらなかったかもしれませんね。理不尽なやり方で家業を断ち切られ、時期を同じくしてお母さんが亡くなり、お兄さんたちも結核で次々と逝って、自分たちに何の責任もないのに、激動の体験を背負わされてしまった。

平松　思い出深い浅草の生家も戦争のために取り壊されてしまう。山田さんが書かれるものに通底しているのは、メインストリームからそっと身を退いたところにいたいという立ち位置です。反骨といえるのかもしれませんが、それだけではない、自分はそっち側の人間ではないんだという意思表示。そこを絶対に崩されないですよね。

小川　そうですね。シナリオライターの道を選んだのも、ひとりで映画に関われる仕事というのがシナリオライターだけだったと書いていらっしゃいます。組織の中で出世したり、人の上に立ったりということが根っから性に合わなくて、大勢の人が肉体労働をしているみたいな映画製作の現場で、ひとりで出来る仕事を選んでいる、その選択が山田さんの本質をあらわしているように感じます。

平松　やっぱり人間というのは、自分が積極的に選んできたものよりは、自分が抗いたくとも抗い切れなかった過去を生きる源流とするんでしょうか。生きていくためには忘れなくてはならないこともあるでしょうし、あるいは物語をつくって受け入れていくというやり方もあるかと思うのですが、山田さんの場合はそのどちらでもない。自分が受け入れがたいものをそのまま、形が変わらない鉱石みたいなものとしてじっと抱えて生きていくんだというありかた。安易に物語に加工してしまわない生き方というのか……。

小川　そういう人がシナリオを書いているんですから、面白いですよね。そのまま抱えていくというのは厳しい生き方でもあると思います。それこそ鉱物を握りしめていると掌《てのひら》に半ばくっついて離れなくなって肉に喰《く》い込んでくる。でも思えば、山田さんがこれまでヒットさせてきたドラマは、面白くするために物語をつくる、という方向じゃないかたちなんですよね。『ふぞろいの林檎《りんご》たち』で中井貴一《なかいきいち》や柳沢慎吾《やなぎさわしんご》が演じたのは酒屋やラーメン屋さんの息子でした。そんなところに感動なんてあるのかという凡庸さをそのままドラマにしてみせた。つくらなくとも、ありのままの現実の中に描かれるべきものはすでにあるんだということを、証明するようなドラマでした。

平松　それは、現実そのものが持っている強度をどこまで信じ切れるか、受け止められるかということでもある。自分も含め、それ以上でも以下でもない身の丈そのままの人生というものをじっと凝視している。いまふうの言葉で言うと「盛らない」っていうのかな。

小川　ああ、なるほど。「盛る」ことで本質的な部分をカムフラージュしようとしない。

平松　山田さんにとっては、どんな理不尽なことであれ、起こった出来事を過剰に盛ったり誇張したりしないで、そのままのかたちでじっと握りしめていくことが覚悟の表明なのだと思います。「この先の楽しみ」という一編では「老い」についても書かれているのですが、それがまたいいんです。「自分のすることは万事自分と切りはなしようもないのがおおむねの人生だから、自分には憶《おぼ》えのない自分に出会うのは、気味の悪いことでもあるが、同時にささやかな解放でもあるのではないだろうか」。

小川　言われてみれば、八十の自分、八十一の自分って、すべて見たことのない自分なんですね。そうやって初めての自分に出会い続けなくちゃいけないんですね、人間は。

平松　もしかしたらこの先、とらわれのようなものから解放されるのかもしれない、ならばそれもまた見てやるぞという、新たな欲がある。どこか果敢で、あくまでも生を捨てない生き方を貫こうとなさっていますね。

●この世に生きた証《あかし》として語っておきたい物語

小川　先人たちの素晴らしい文学に導かれながら、平松さんと語りあってきましたが、ついに最後の一冊です。ポール・オースターの『ナショナル・ストーリー・プロジェクト』。初めて読んだのはもう十年くらい前、この本が出たばかりの頃です。これ、すごい試みだと思うんです。オースターは当初、ラジオ番組に月に一度くらい出て、物語を語ってほしいと依頼されたんですが、そんなに都合よく毎月物語をひねり出せるわけがない。そうしたらオースターの妻で作家のシリが「いろんな人にそれぞれ自分の物語を書いてもらえばいいのよ」と言った。

平松　妻の発案がきっかけだったというところに親しみが湧きますね。

小川　それでラジオのリスナーに呼びかけたら、これだけの物語が集まった。アンソロジーの中に収録されているのは百七十九編ですが、ラジオ局には一年間に四千もの物語が寄せられたそうです。ということは、別に作家が小説なんて書く必要はない、ということを証明しているみたいなプロジェクトですね。私にとってはバイブルのような一冊でもあるんです。

平松　そうだったんですか。でも、じつにおもしろいですね。作家自身による発案なのに、それがみずからを省みてしまう結果を招くなんて。だからこそ、作家としての小川さんが惹かれるのかもしれませんね。

小川　ええ。なぜ自分が小説を書いているのか、どこに書くべき物語があるのかという、根本的な疑問が生じた時、この本のことをいつも思い起こすわけです。そうすると、生きている人なら誰もが物語を持っていて、誰の中にも小説がある。ただ、敢《あ》えてそれを表現しないだけなんだ。私はたまたま機会があって、内気すぎる人に代わって聞き書きしているようなものなんだ。そう思うと最後まで書き続ける元気が出るんです。

平松　小川さんの書かれる物語を拝読すると、いまおっしゃったことがつねに底流にあると感じます。『ことり』もたいへん印象深い物語でしたが、世界の中で言葉にもならないままひっそりと埋没しているものにたいして耳を澄まし、そっと掬《すく》い上げて言葉を与えてゆく。ゼロから生み出しているのではなくて、どこかにあるもの、潜んでいるもの、失われそうなものに言葉を授けてゆく。物語を生み出すということは、なにも創造主になることではないし、そうはいかない、と。

小川　いかないんです。ゼロから生み出したように思ったとしても、実はゼロじゃない。自分が経験したり人から聞いたりして、外から入ってきたものなんですよね。たとえば数学者もしきりに言うんですよ。自分が発明したんじゃない、発見したんだ、すでにあるものの前にひざまずいただけなんだ、ということをね。その独特の謙虚さみたいなものが小説家にも必要なんじゃないかと思っていたところにこの本が出て、ああ、そうか、作家と名のつかない人々でもこういうふうに日々、偶然の出来事の中にある意味を見出して、それを心にとめているんだな、それが人生なんだなと、改めて気づかされた。自分がわざわざ言葉を標本にして永遠に残そうと四苦八苦しなくても、永遠というものがすでにここにある。自分は永遠の創造者ではなく、発掘者になればいいんだと。ですから、これを読むと人間を肯定もできるし、夜寝る前に一編ずつ読むとよく眠れるような気がするんです。

平松さんは何かお心にとまった一編はありましたか。

平松　そうですね……たとえば「大陸の両岸で」。ほんの一ページの掌編ですが、偶然の出会いについて考えるとき、よく思い出すんです。ワシントンDCで「ミシェル・ゴールデン」と人違いされた彼女が、何年か経って西海岸に引っ越して、ところがそこでも「ミシェル？　ミシェル・ゴールデン？」と間違えられる。そんな偶然があるんだろうかと思うけれど、私もたまにそういうことが起こるんです。約束もしてないのに、もうちょっとしたらあの人から電話がかかってくるだろうなと思っていたら、本当にかかってきたり、今日銀座に行ったらあの人に出くわすんじゃないかと思っていたら、本当に行き違ったり。それこそ異界っていうのはどこか遠いところにあるわけではなくて、実は人の毎日の生活の中に埋もれているものなんじゃないかと、そういう瞬間に感じることがあります。

小川　そうやって神様の計らい、現実の理屈を超えた何かを感じ取ることは、やっぱり人間にとって必要なんでしょうね。ポール・オースターの文学自体がいつも偶然ということを基本にしていますよね。

平松　自分が閉じていると、目の前にあっても見逃してしまいがちですね。偶然って、そういうものかも知れません。奇跡というほどおおげさじゃない、本当にささやかなこと。でも、何かそういうものをふとキャッチした時に日常が一瞬輝く。この本ではそれこそアメリカじゅうの年齢も性別もばらばらな人たちがそこに価値を見出して言葉に書きつけている。アメリカ的だなと思うのは、そこにちょっとした聖なる光みたいなものを見つけて、それをすごく善良な魂で受け入れようとしていますよね。そこがいかにもアメリカ人らしい。人間が生きていく健やかさを尊ぶ気持ちがあり、すごく透明感があるのはそのせいかもしれません。

小川　ですから、クリスマスの話が多いんです。

平松　ずいぶん目立ちますね。だけどO・ヘンリーみたいな教訓的なものが仕込まれたものは、見あたらない。だからでしょうか、すごく清潔感があるんですよね。見出したものではあるけれど、それで何かを語ろうとしていないというか。そこが

小川　この本の特別なところではないかなと思います。

平松　そうですよね。ポール・オースターがラジオで呼びかけた時も「ほんとうにあった話を書いてください」「短く書いてください」という条件を出しています。つまり余計な手立てをあれこれ盛り込まなくても、現実をそのまま持ってきてポケットに入るくらいの小さな物語にすれば、それで十分なんだということですよね。小説家はどうしても余計なことを考えてしまいがちだから、なかなかそれができない。もしかしたら『みちのくの人形たち』はこの中に収められていても違和感がないかもしれません。

小川　やはり小説家の場合は、この物語によって何かを語りたいという当然の欲求、企てのようなものがあるのだと思います。そのうえで小川さんは「いや、そうじゃなくて、ただ発見、発掘するんだ」とおっしゃる。それは、自分が書き継いでゆく時のひとつの手立てとして発見なさったことですね。

小川　まあ、そう思ってはいても、なかなかそうはいかなかったりするんですけどね。オースターがこの本でやったことを架空の小説でやってみたいと思って書いたのが『人質の朗読会』でした。この世に自分が生きた証しとしてどうしても遺《のこ》しておきたい話って何だろうと。それは結婚したとか、子どもが生まれたというような人生のビッグイベントではない。訊かれなければ、敢えて語る必要もないようなとるにたらない話、でも自分にとってはとても大事なことで、語る機会がなければそのままお墓に持っていくような話じゃないか。小説を書いていくうちにわかってくることがたくさんあります。書けば書くほど自分が下手《へた》だということもわかるし、未熟だということもわかってくる。だけど、そうして自分がちっぽけなんだということがわかってくると、かえって自由になれる。他人を許すことが出来るようになるんです。自分が欠点だらけで未熟なのと同じように、この人も、この人もみんな、それぞれの欠点を抱えながら生きているんだなと思える。相手を受け入れるための器が柔軟に、底なしになっていって、それがまた小説に反映されてくるんです。

平松　自分がちっぽけな存在だとわかってくると自由になれる、って本当にその通りですね。ただ謙虚とかそういうのじゃなくて、ちっぽけな方が人に向かって開かれるような感覚を覚えることがあります。それに、自分がいい感じで開いていれば、偶然も引き寄せられる。私も、そういういい流れに身を置けたら、と願ってはいるんですけれど。「天職」という言葉がありますが、私は自分の仕事を天職と思ったことがなくて、とりあえず目の前にあるものを、これしかできないからどうにか懸命にやるしかないと思ってきました。何が自分に本当に向いているかなんて、そんなの誰にもわからないことだし、そういう懐疑を持ってしまうと目の前に悪くないものがあっても、気がつかない。実体のないものに向かって、いま、自分がやっていることが有効か、そうじゃないかなんて誰にもわからないですものね。だったら、とりあえず目の前にあることを虚心坦懐に大事にしていれば、いずれ何かが開けていってくれるのでは、と。

小川　ロベール・ドアノーが個人的なコレクションとして長年公開していなかった田舎の結婚式の写真と出会って、それを一冊の写真集として刊行されたのは、まさに平松さんのそうした虚心坦懐の賜物《たまもの》ですよね。偶然の出会いを積み重ねていくと、そんなふうにであいがしらに偶然の祝福がおとずれることがある。翻訳家の岸本《きしもと》佐知子《さちこ》さんも「翻訳に大事なのはからっぽな壺だ」と言うんですよ。余計な先入観みたいなものが何もない、からっぽな壺の中に言葉が入ってきた時の本当の響きを聞かなくちゃいけない。

平松　構えなしに、それこそカラの壺になって、入ってきたものにたいして素で何ごとかを考える。すごく大事なことですね。

小川　目標を立てることが、かえって邪魔になることもありますからね。小説を書く時も、そうですよ。「ここに向かって書こう」なんて思っていたら、そこにしか行けません。目の前の一行をどうするのか、次の一行はどうするのか、ずっと考えて書いていくうちに、ふと顔をあげたら思いもしないところへ到達していた。そうなりたいと思っているんです。

平松　それは書き手自身にとっても面白いこと、興奮することですよね。まさに自分で発掘して、自分で発見している。

小川　そうなんです。それを忘れそうな時は『ナショナル・ストーリー・プロジェクト』を読み返す。読んでいるといつも不思議な気持ちがするんです。たとえばニワトリが自分の目の前を歩いていて、ある家のドアの中に入っていったというただそれだけのことが、言葉でこうやって印刷されたものを読むとなぜ響いてくるのか。この本の一番最後にあとがきのように載っている一編のタイトルは「ありきたりな悲しみ」です。私にはありきたりな悲しみしかない、だからわざわざここに書いて応募するような悲しみは何も経験していませんという、根源的で重要なことを書いている人がいる。ああ、自分もまたありきたりな悲しみを悲しんでいるんだなということに気づかされる一編です。結局どんな出来事も、起こった時にはレッテルを貼られているわけじゃないので、それを幸運にするのも不運にするのも受け取り手次第なんですよね。ですから、一見不幸な出来事の中に見出す光みたいなのが、この本にはたくさん出てきます。

平松　本当にどれも光を感じますよね、一編ずつ。強弱はあっても、みんな、光を放っている。そして、誰もが自分にとっての物語を必要としているのだということを強く感じる一冊でもありますね。ついさきごろ、尾崎真理子《おざきまりこ》さんの労作『ひみつの王国　評伝　石井桃子』を読んでたいへん感銘を受けたのですが、尾崎さんは二十年に亘《わた》って丹念に足跡を追ってきた石井桃子について、「柔らかすぎてつかみようもない、飼い慣らすことの出来ない子どもを自分の中に生涯抱え、その子どもが生きていくための王国を自分の中に作り続けた人」と書いていらっしゃいます。その裡《うち》なる子どもに向けて、石井桃子は物語を書いてきたのだ、と。『ナショナル・ストーリー・プロジェクト』にしても、ここに書かれたたくさんの物語は、それぞれの人にとって、偶然が招き入れてくれた「その子どもが生きていくための王国」なんですよね、きっと。

小川　どんな偶然も、実は時間はかかっても祝福になる。私はそう思っているんです。目には見えないけれど、宇宙からニュートリノが降り注いでいるように、物語もいっぱい降り注いでいるんだから、それを自分がどう感知するのか。ニュートリノをとらえるプールは純水ですからね。何も入ってない、ただの水。現実で出会う偶然をキャッチする感覚を呼び覚ますにも、余計な先入観はない方がいい。

平松　ええ。毎日の生活の中にだって語るべきことは無尽蔵にあるわけですものね。お味噌汁《みそしる》ひとつとっても、レシピだけでは語りきれない、表現しきれないものがある。具のとりあわせの違いというだけではなく、十代の女の子が初めてつくったお味噌汁とおばあちゃんがつくったお味噌汁はおどろくほど違うし、季節によっても違う。夏に汗をかいた後はちょっとしょっぱく感じるとか、冬だとちょっともったりした味が欲しくなるとか、たった一杯のお味噌汁の中に、必然も偶然もふくめて、なんとたくさんの要素があることか。

小川　いくらでも語れますよね。誰と飲むか、どんな場所で飲むか。

平松　無限なんですよね。自分の限られた年月の中でどれだけそういうものに出会えるかと思えば、きっと本当にごく一部。でも、いま自分の目の前にあるそれは、そこにしかないたったひとつであることは間違いがない。小さいかも知れないけど、自分にしか入っていけない奥行きみたいなものは、そこにこそあるのだと思う。

小川　そうですよね。自分の手が届かないところには、また誰か担当の人がいるんですよ（笑）。私もみんなが腰を抜かすような、そういう方向のニュートリノはキャッチしないと思います。そうじゃない、たとえば小鳥を飼っている人をひたすら描けば、それでちゃんと小説になるんだということを示したいと思う。『ドストエフスキーと愛に生きる』というドキュメンタリー映画で、翻訳家のスヴェトラーナ・ガイヤーさんが「翻訳というのは、織物をほどいて紡ぎ直す仕事だ。ドストエフスキーの文章は、ほどき直すたびに新しい宝石を発見する」と言っていたんです。実のある仕事をするというのはそういうものなんですよね。ほぐして、もう一回編み直すと、素材がまったく一緒でも新たなものが生まれる。自分もそういう小説を書きたいと思っています。

平松　新しいものは、なにも見知らぬ未知の中にあるのではなくて、すでに自分の中にあるものなのかもしれません。ほどき直したり、ほぐしたり、解いたりしていると、新しいものの芽にひょっこり出くわす。そう考えると、なんだか勇気が湧いてきますね。

＆〈女友達、男友達の条件〉

平松　小川さんとこうして長く対話してきたわけですが、最後のお題は編集者からで「女友達の条件ってありますか」。

小川　平松さんはいかがですか。

平松　大人の女友達となると、とりあえず本音を言いあえること。まずはそこからかな。本音なんだけれども、この本音はいま言うと厳しいだろうなというときもあるかもしれず、お互いをやわらかく思いやる優しい本音ということでしょうか。小川さんはどうですか。

小川　私、基本的に友達がいないんです。まず、数は必要ないですよね。だんだんそれはわかってきました。ひとりいれば十分です。

平松　私も友達、そんなに多くないですよ。昔、すごく交遊関係の広い年長の男性に「お友達、多いですね」と言ったら、「いや、知り合いはすごく多いけれど、友達はとても少ない」っていう答えが返ってきた。そのとき、なるほどなあと思って。私の場合は、学生の頃はむしろ友達を拒んでいたところがあります。

小川　あ、そうなんですか。

平松　自分と本とか、自分と音楽とか、その関係に頼っていたところがあって。そこに何か他の要素がない方が嬉しかったので、友達とどこかに行くとか一緒に何かをするということがなかった。そして二十代の半ば、子どもが保育園に行くようになって、お母さんたちはお互いに働いてるから預けたり預かったり、社会の中で補いあうような関係によって友達ができていきました。

小川　助けあわないとやっていけませんからね。

平松　そうなんです。看護婦さんがいたり、図書館に勤めている人がいたり、職業もみんなバラバラで、お互いに時間やら何やらで制約がある中で何がしんどいかっていうのもみんなよくわかってるから、自意識みたいなものは横に置いて「いいよいいよ、うちに来させればご飯食べさせておくからね」って。あ、こういう友達のあり方があるのか、と思ってすごく新鮮でした。

小川　私は三年くらい、病院の秘書室にお勤めしたんですが、同期の仲間は結束力がありましたね。先輩からのいじめをみんな共通して受けているので、こんなひどい目に遭ったというのを、土曜日の終業後に集まってパフェか何か食べながら延々話すわけです。

平松　クライ会復活、大人の部（笑）。

小川　そうですね。社会人の部（笑）。今から思えば、いじめられていたわけじゃなくて、自分がただ仕事が出来なかっただけの話なんですけどね。ですから、そういう経験を通して、自分がいかに何も出来ないかという現実をお給料をいただきながら勉強していたということです。

平松　続けて質問がきましたよ、「男友達の条件は何ですか」。うーん、これはやっぱり、一線は越えないという暗黙の了解かな。そこはナシと言われただけで、ふっと楽になる。

小川　そうなりますよね。万が一、旅の途中でトラブルがあって、同じ部屋に泊まる状況になったとしても、それはナシという関係。

平松　そう。お互い苦笑いしながら何もない。

小川　でもただ見てるだけで素敵と思える人も楽しくないですか。私、結構低いレベルで満足しちゃうんですが。

平松　低いレベル？

小川　究極テレビを見ているだけでいい。髙橋大輔《たかはしだいすけ》とかベネディクト・カンバーバッチとか。平松さんは、そういう〈愛《め》でる系〉はないんですか。

平松　いやぁ、ないですねえ。私にはその趣味はないみたいです。
小川　それはでも人生の喜びの七分の一くらい損してるかも知れませんよ。
平松　細かく刻みましたね、七分の一（笑）！　でも見てるだけで楽しいんだったら、じかに知り合う方がもっと楽しいというふうにはならないですか。
小川　なるほど。今、目の前にいる生身の素敵な人の方が大事。そうですよね、画面の向こうじゃ狩りが出来ないですものね。
平松　いや、狩りはしなくてもいいんですが（笑）。小学生の頃、ちょうどグループサウンズが流行っていたんですが、私、なぜか熱狂心みたいなものが薄くて。もちろん歌はすきだったけれど、キャー、というのがあまり。自分でも、ちょっとつまんないんじゃないかそれは、とも思ったりしましたけれど……小川さんが最初にハマったそういうアイドルって？
小川　掛布《かけふ》ですね、阪神の。
平松　かけふ？
小川　ええ。ですから全然見た目じゃないってことで。思えば、思春期に掛布の魅力を分かちあえる人って周りにいなくって……あ、だから私、友達がいなかったんですね。

平松　あ、それで言ったら、私は殿山泰司《とのやまたいじ》ですね。
小川　渋い。殿山泰司。それはそれは。
平松　あのこぼれるような色気にくらくら（笑）。なんでしょうかね。脇役《わきやく》でテレビに出てくる度に、うわー誰、あの人って……（笑）。
小川　ジュリーをすっ飛ばして殿山泰司というところが、平松さんらしいです。掛布は相当私も言いづらかったですけど、殿山泰司で救われました（笑）。

岩波 世界児童文学集 25 トムは真夜中の庭で
いやいやえん
アンネの日記 完全版
パーマネント野ばら 西原理恵子
月日の残像 山田太一
頼むから静かにしてくれ
旅の雑学ノート
十一面観音巡礼 白洲正子
ラブ・イズ・ザ・ベスト 佐野洋子
珍品堂主人

〈巻末附録〉人生問答

別れようと思ったのはどんな時ですか？

小川　いきなり現実的な質問ですね。

平松　潮時みたいなものをどう見極めるかということでしょうか。「あ、これまでだな」という言葉が、理屈じゃなくて自然に湧き起こるときがありますよね。私は、**その時が来るのを待つ**方です。

小川　それは相手に猶予を与えているというより、自分のためですか。

平松　はい。相手に猶予を与えたつもりになってみたところで、人間ってそうそう変わらないし、人を変えようなんて無理ですもの。自分を含めて、つくづく人は変わらないものですねえ。子育てをしているとき、思い知りました。たとえ親がどうこうしようと思っても、あらかじめ子どもには子どもが持っているものがあって、無理やり方向転換させようとしても結局そうはいかない。おとなになっても同じです。だから、然《しか》るべきときがきたらなるようになるんじゃないか、と。

小川　愛情が陥りがちな罠《わな》かも知れませんね。恋愛関係の場合、「この人を幸せにできるのは私以外いない」「私ならこの人の人生を変えてあげられる」みたいな思いからスタートすると、大概上手《うま》くいかない気がします。

平松　よくできたもので、そういう人にほだされやすい相手もちゃんといる。そうなると、潮時なんか見極められないし、見極めないままずるずるいく幸せだってあるかもしれないし。小川さんはどうですか。

小川　私はわりあいあっさり、さよならいたしますね。ただ、近ごろでは、どんなに嫌な相手でも、人間である限りいつかは死にますので、**そんなに無理に別れなくてもいい**のではないかと思うようになりました。

忘れられない言葉、ありますか？

小川　難しいですね、これ。

平松　私も箴言《しんげん》みたいなものにあまりこだわらないので、難しいなあ。ただ、つねづね肝に銘じようと思っているのは「**人生は流れである**」。

小川　おお。

平松　抗っても、結局は流れ。とはいえ、わかっちゃいるんだけど、ときどき抗ってみたくなることもあるわけで。

小川　当然そこで筋力をつけるわけですよね、流れに逆らって。

平松　そこでつく筋力も体力も大事ではあるんですけど。流れって、ようするに無理し

小川　ないということなのかなと。
小川　私は、フランクルの『夜と霧』の中に出てくる「**すなわち最もよき人々は帰ってこなかった**」という言葉ですね。自分に罪がないのに罪悪感を持つのは人間の特性だと思います。強制収容所の過酷な環境を生き抜き、生還したフランクルは被害者なのに、自分は悪き人だから帰ってこられたのだと言っているのと同じです。この本は、自分は小さなことしか出来ない人間なんだと自覚する、出発点になった気がします。

豚小間が一パック。何をつくりますか？

小川　フランクルのあとに豚小間（笑）。一パックということは二百グラムくらいでしょうか。
平松　ええ、たぶん。豚小間二百グラムなら、ありあわせの野菜といっしょに炒めるか、時間があれば包丁で**細かく刻んで粗《あら》みじんにして**、お味噌とお醤油とお酒で甘辛く炒めるのもいいかな。肉みそにして、それをレタスか何かで包んで食べる。ごはんや麺類《めんるい》にのっけてもおいしい。
小川　肉みそ、美味しいですよね。ひき肉じゃなくて豚小間からつくるところがいいで

平松　すね。生姜でも入れれば上等。

小川　ええ、生姜は欲しい。にんにくも入れようかな。こっくりした味にしたいので、濃いめに味つけしたいです。

平松　平松さん相手に勝負するのは、普通の主婦の私には不利です（苦笑）。冷凍庫の奥からカッチコチの豚小間が出てきた場合、我が家では豚汁をつくります。そうすれば次の日も食べられて、野菜とタンパク質、両方とれますから。

小川　あ、私も豚汁、しょっちゅうつくってます。あったまるので、とくに秋冬の定番料理。なにを入れてもおいしいし。

平松　**豚汁は万能**ですよ。私は焼いたお餅《もち》を入れて食べるのも好きです。

小川　へえ、お餅ですか。それは新機軸ですねえ。

自分ひとりでご飯を炊くのが面倒で、冷凍ご飯も切れている、でも炭水化物が欲しいなという時がありますでしょう。焼いて入れるとおこげが香ばしくて、これがまた美味しい。常々思うことですが、料理は頭脳労働ですね。冷蔵庫に今、何があるのかという管理能力も要るし、栄養的なこと、時間的なことも考えながら手順良く手早くつくらないといけない。どっちの食材を先に使うかの見極めも肝心。これは今日使わないとダメだから、普段お味噌汁には入れないものだけど、まあ、入れちゃうか、みたいな勇気も試される。

平松　そういえば、ときどきお餅をころころに切って、フライパンできつね色に焙《あぶ》ってからおつゆにぽんと入れることがあります。それと似てますね。お餅って、鍋のあとの雑炊代わりとか、けっこう使えるんですよね。いずれにしても、料理って、状況を把握して、全体と細部を同時に見る作業ですよね。

小川　素晴らしい知的労働だと思います。我が家は家庭菜園をやっているので、ピーマンが出来るとなったら十日ぐらいピーマンだらけ。味噌味にしてみたり、シンプルにオリーブオイルと塩で炒めたり。たいていの野菜はミキサーにかけて、ポタージュにしちゃえばいいのですが、ピーマンはそうはいかない。なかなかのクセモノです。

平松　確かに。ピーマンが大量に手元にあったら……私は手っ取り早くせん切りにして、煮びたしにしちゃいます。

小川　いいですね。煮びたしにするとカサも減りますしね。きゅうりならどうすればいいでしょうか。

平松　炒め物にしても美味しいですよ。皮はピーラーでむくと青臭さが消えます。中華鍋を熱くして、ごま油でもオリーブオイルでもいいんですけど、つぶしたにんにくをぱっと放り込んで、乱切りにしたきゅうりをほんとに一瞬、十秒くらいざっと炒めて塩を振るだけ。さっぱりしていて結構たくさん食べられるし、こりこり

　して飽きないです。

小川　なるほど、大きくなり過ぎたきゅうりも、そうやって食べればいいわけですね。平松家の常備菜のようなものって、ありますか。

平松　**煮卵**はたいてい常備してあります……でも、あまり作り置きしないですね。冷蔵庫はできるだけスカスカにしておいて、すっきりいきたいタイプ。

小川　確かに冷蔵庫が満杯だとなんとなく心に負担を感じます。

夜中に食べることを許しているものは、ありますか？

平松　**夜中は食べません（キッパリ）**。

小川　**私も食べないです（即答）**。

平松　夕食の後に何か食べるということはほとんどないですね。でも、ワインを飲んでほろ酔い加減になると、なぜか台所に立って料理をしたくなる癖が……。先週は、買ってあった牛すね肉のかたまりをどうにかしたくなって、深夜にシチューをつくり始めてしまいました、ワイングラス片手に。出来上がったときは、もう達成感と満足感でいっぱい（笑）。でも、食べはしないんです。それに、夜食べちゃうと翌朝かならず胃が重くて、あれがつらい。

小川　嫌ですよね。

平松　翌朝のどよーんとした感じを思い出すと、深夜の誘惑に打ち勝てます。

あまりもてなしたくない人が遊びにきました。さて何を出しますか？

平松　手間をかけないで、たとえば美味しい油揚げをちょっとあぶって、おろし生姜を添えるとか。とっておきの缶詰なんていうのも、気が楽でいいかもしれないです。**おいしい缶詰**って、あなどれないです！

小川　どんなに嫌な人でも、自分がつくったものを出すとなれば、美味しいものを出したいというのは本能です。ただ、自分でつくるんじゃなくて店屋物をとるみたいなことはあるかも知れませんね。手抜きをしたいから、お寿司でもとっちゃいましょうとか、あるいはいつもはB級だからと敬遠しているピザをこの際だから味見してみるとか。少しでもその機会を利用して**好奇心を満たす**というのはどうでしょう。

新しく始めたいことは何ですか？

平松　**習字です**。数年前のことですが、私の友人から「とてもいい書道の先生がいらっしゃるから、平松さんもどう？」とお誘いをいただいて、行ってみたら、和服を着て待っていらした先生が我が家の向かいに住んでいるかただったんです。

小川　灯台もと暗し。顔見知りだったんですね。

平松　そう。まったくの偶然で、お互い顔を合わせた瞬間、あまりにびっくりして固まってしまいました（笑）。

小川　『ナショナル・ストーリー・プロジェクト』ですね。

平松　まさに。長年道で会って挨拶《あいさつ》していたお向かいの方が、まさか書の大家として目前に現れるとは……。衝撃的でした。

小川　平松さん、そういうこと多いですね。

平松　はい、ちょこちょこあります。しばらく習っていたのですが、ここ三年くらい中断していて。相変わらず、おたがいご近所同士として道端で会ってはいるのですけれど。

小川　墨をする時のあの匂いがまたいいですよね。鎮静効果があります。

平松　墨をすりはじめると、ふーっと何かが飛んでいくようで、時間の観念がなくなります。そこがすき。

小川　**私はボビンレース**をやってみたいです。待ち針みたいなのを台の上にいっぱい刺して、糸巻きを手順通りに動かしていくうちに緻密な模様のレースが出来あがる。一センチ編むのに何週間もかかるらしいですが、機械織りとは全然違いますし、貴族の世界では宝石に匹敵する価値があって、お嫁入り道具に持っていったそうです。ベルギーのブルージュに行くと民族衣装を着た人がデモンストレーションをやっています。どんなにじっくり見学しても、手順が複雑すぎてよくわからない。あれを考えた人は天才だと思います。

自分が三人いたら、それぞれ何をしますか？

平松　これ、私からの質問です。

小川　自分以外にもうひとりじゃなくて、三人いるというのが面白いですね。

平松　私から答えてみますね。最初のひとりは、ともかく今、目の前の仕事をする。

小川　なるほど。そういう選択肢もあるわけだ。

平松　で、もうひとりはどこでもいいから、気ままに旅をしてる。

小川　いいですねえ。

平松　そして**三人目の私は**、**庭師**をやる。

小川　なるほど。庭師ですか。

平松　そう。うちにちっちゃい庭があって、一年に二度ほど剪定を頼むんですけど、やってくださる人によって仕上がった枝ぶりが全然違うんです。あれって、きれいなだけでもダメで、これはこういう風に伸びているから、ここを矯《た》めてと先を見越して景色の美しさをつくってゆく。木の持っている特性もあるし、日当たりも計算に入れる必要があるし、庭全体を見て、いろんなことを総合的に判断しないといけない。落とした枝をまとめて片づける様子もすかっとするし、すごくすがすがしい仕事だなと。

小川　庭師さんって、高いところにも登るし危険な仕事でもある。だから迷信のようなことをすごく信じていたり、流派によってタブーがいろいろあったりしますよね。

平松　職人でもあるし、どこか神事を執り行っているようなところもあって、**弟子入りしたい**くらい。ずっと庭師に憧れてます。

小川　以前、とある大企業が持っている京都の庭園にお呼ばれで行ったことがあるのですが、贅《ぜい》を尽くした見事な日本庭園でした。真っ白な玉砂利《たまじゃり》が敷いてあって、きれいな箒《ほうき》の跡がついていて、とてもここは踏めないと思っていたら「どうぞお通りください」と言われて、ざくざくと通りまして。お部屋に案内されて座って、さっき自分が通ったところを見ると、もう箒の跡できれいになっているんです。人影も何もまったく感じなかったので、いつの間に、と驚くというより怖くなりました。案内の方にお尋ねしたら、「庭師がこっそりやりました」と。

平松　さすがですねえ。気配も感じさせない。

小川　**まるで忍者の世界**です。ちょうど「なでしこジャパン」が世界一になった時だったので、その話題になって「でも撫子《なでしこ》って結局どんな花なんでしょうね」となにげなく言ったら、その三分後には黒いお盆の上に撫子の生花が。

平松　わ、できすぎてて、それは怖いかも（笑）。

小川　「庭にたまたま咲いておりました」と持ってきてくださって、究極のおもてなしを見せてもらいました。

平松　撫子でよかった。

小川　これが月下美人とか口走っていたら大変なことです。

平松　小説になりそうですね。

小川　本当に。さて、では私の番ですね。自分が三人いるなら、ひとり目はやっぱり作家がいいですね。作家がじっとしている仕事なので、ふたり目は**プロのテニスプレイヤー**。ラケット一本持って世界中転戦していくなんて憧れます。同じ意味で三人目はバイオリニスト。バイオリンひとつ持って世界中を演奏旅行していく。言葉が要らない仕事というのもポイントです。

平松　あ、それは庭師も同じですねえ。言葉が要らない。木や庭と対話している。

小川　庭師さんだけに聞こえている何かがあるんでしょうね、きっと。

これは若いうちに体験しておくべきと思うことって何ですか？

平松　うーんやっぱり、恥とか失敗とか？

小川　否応なく経験しますね。

平松　そのときに、恥から逃げない。もう恥ずかしくて全速力で遁走《とんそう》したいんだけど、ぐっとこらえて……なんて口で言うのは簡単ですけれど、当人にとってはつらい話ですよねえ。はい、そういうの、私にもいっぱいあります。でも、今となっては、**赤っ恥もそれなりにひとを育てるものなんだなあ**、と思いたい。思いこむほかない（笑）。

小川　私は以前、親友の子どもさんが心臓の移植手術をしなくてはいけないというので募金活動をしたことがあったんですね。その救う会の会長を、私がどうしても引き受けざるをえない状況になったんです。そこでほとんど初めて人に頭を下げてお金をもらうという経験をしたのですが、これは大きかったですね。街頭募金をするには、まず警察に届けを出さなきゃいけない、とかいろいろ勉強をするわけです。そうして道行く人に頭を下げて、それ以外にお金をいただく方法がないという経験をしました。それは自分がいかに小さい人間かを繰り返し味わうような経験です。**人生にはそういう役目を果たさなくちゃいけない時**があるんですね。おかげさまで目標額があっという間に集まって、その子も無事手術を受けて元気になりました。今でも彼女とは、ほとんど唯一の友達です。私のふたりしかいない友達のひとりが彼女です。

平松　もうひとりは？

小川　ママ友です。

平松　ママ友、あれは長続きしますね。私にも長年のつきあいのママ友が何人かいるんですが、いつ会っても関係が変わらなくてすごく安心する。

小川　しますね、案外。子育てしてる限り、取り繕えないから。

平松　全部さらけ出すしかないですものね。

これだけは捨てられない、愛着のあるものは何ですか？

平松　私は**ソウルで出会った骨董**ですね。

小川　抱いて寝たといつかおっしゃっていたものですね。

平松　はい。当時、娘が海外に留学した直後だったんです。出発する時、最寄りの駅までいっしょに行ったら、「成田まで来てくれるな」と言われて。釘《くぎ》を刺されなければ成田までくっついて行ってたなあ。

小川　ああ、泣けますね。そういう前段階があったんですね。

平松　駅の改札の向こうでだんだん遠ざかって、点になっていく姿を見送って。そのあと数日、なにをしても泣けて泣けて、さすがに私はちょっとおかしいんじゃないかと思いました。そして、たまたま旅をすることになったソウルで鳥のかたちをした水滴と出会ったんです。今思うと、**巣立っていった娘の代替え**だったのかもしれない。

小川　おうちのどういう場所にそれを置いていらっしゃるんですか。

平松　自分の部屋の棚のところに、ちょこんと。

小川　幸せですね。その物も、平松さんのもとに行きついて。

平松　たとえば掃除機をかけながらチラッと目に入る。そういうのもひとつの愛で方というか、大事にする方法なんだなと思うことがあります。

小川　私は、**息子が海で拾ってきた色ガラス**ですね。小学校三年生の時、初めてキャンプに行ってひとりでお泊まりした時に、海で拾ってきたんです。

平松　やっぱり物の背景にストーリーがある。

小川　そうですね。「ひとりで泊まるの、寂しくなかった？」と訊いたら「夜、ちょっと泣きそうになったから、このガラスを見て、ママを思い出してた」って。

平松　わあ、それは号泣しちゃう。男の子って、お母さんの気持ちをお見通し。心に響くことをずどんと直球で言ってくれるところが憎いなあ。

小川　女の子は、思っていても言わないでしょうね。これに勝る愛の告白はないです。今、本人がこれを聞かされたら、嫌がるでしょうが。

理想の家と言われて思い浮かぶものって？

平松　小学校に上がる前、昭和三十年代はあちこちに原っぱみたいなところがたくさんありました。春になると**一面のレンゲ畑**になって、そこにふっと寝転ぶと、自分がレンゲの花の中に埋もれて、見えているのは空だけで、そのときに「わあ、おうちだ」と思ったんです。なんとも落ち着いたんですね。大人の言葉で言えば「ここが自分の居場所」というか。**秘密基地**もよくつくりました。外から見ると全然わからない、自分だけの秘密の場所。そういうのがきっと好きなんでしょうね。京都に行った時、風景と家が完全に一体化して溶け合ったような**朽ちかけの家**を偶然見かけたことがあって、そのときも惹きつけられてじっと見入りました。あれはどこだったのか。車で通りかかっただけなので場所が特定できないのが残念

小川　です。生垣があったり、縁側があったり、家の内と外の境界線がどこかあいまいな佇まいに惹かれます。庇《ひさし》の深い、家の内側がちょっと暗くてひんやりしたようなおうちがあると、ああ、いいなあ、落ち着くなあと思ってしまいます。

平松　やっぱり理想の家となると、あまり大きな家より、ちっちゃい家をイメージしますね。お決まりですが『方丈記《ほうじょうき》』の庵《いおり》みたいな、立って半畳寝て一畳というのも案外居心地がよさそうだなと憧れます。

小川　はい。久隅守景《くすみもりかげ》の「夕顔棚納涼図屛風」の画《え》のような。夏のひととき、夕顔が垂れた棚の下に広げた小さなござに家族三人が集ってなごんでいるんですが、その様子がまるで家みたい。立って半畳寝て一畳、究極の夢ですね。それで済むのならね。

平松　そうそう。それで済まないところがね。

小川　小川さんの家庭菜園は、つくりたくて実現なさったのですか。

平松　はい。あれも奥が深いですよ。究極的には科学なんです。土をどういう配合でつくるのか。肥料は窒素なのか、リンなのか。今、うちの主人がやっているのは納豆菌からつくった菌があって、それを米ぬかに混ぜると七十度くらいになるんですね。

小川　いざ始めると、男性は熱中しそう。

小川　ええ。その菌を土に混ぜるとヨトウムシという害虫がみんな、死んじゃうんです。農薬を使わないで害虫を退治できて、しかも栄養がある。米ぬかも、お米屋さんにお願いするとタダでくれたりするんです。お米屋さんにとっては廃棄物だそうで「どうぞ差し上げますよ」なんて言われて、二俵ももらってきました。
平松　二俵！
小川　うちの主人は理系の人ですから凝り出すとどれだけ投資するのか。毎週末、ホームセンターへ行って、網とか支柱とか買ってきて。
平松　男の人って、すごく楽しいでしょうねえ、そういうときって。
小川　生き生きしてね。ホームセンターって朝九時に開くので、朝ご飯食べたら、すぐ行ってます。これならスーパーで野菜を買った方が……。
平松　それはあえて言わない、と（笑）。
小川　たぶん愛情のすべてが野菜に（笑）。

天才だと思うのはどんな人？

小川　天才、ね。
平松　**頭の中で湧き出るものと、手の動きが完全に直結してる人。**そういう人を見ると

小川　天才だなと思う。

小川　職人さんですね。そう考えると結構いろいろなところに天才っていますね。別にイチローのようにみんなから評価されている天才ばかりではない。ひっそりとした天才が、そこかしこに。

平松　たとえば**うなぎを捌く名人**の技を見ていると、動きにまるで無駄がなくて、なにかに似ているなあと思ったら、ゴルフのスウィングなんです。でも本人はその無駄のなさを意識していなくて無の状態になっている。頭で考えるというより、体がそう動いちゃうという感じ。そのためにはものすごい努力、経験、鍛錬があると思うのですが、いざそのときになったら無心。体で動ける、動物になれるんですね。ちまたにはそういう**無冠の天才**がたくさんいるように思います。

小川　もちろんどんなに努力したとしても、イチローにはなれない、髙橋大輔にはなれないということはあるかもしれない。でもその領域まで行くと、もはや努力云々《うんぬん》の問題でもないんでしょうね。何者かによって選ばれているか選ばれていないかの違い。選ばれていないからと言って別にそれで苦しむ必要はない。ネイマールなんか見ていると何かが決定的に違います。しかもこの間のブラジルのワールドカップでＰＫが決まって勝った時に、彼、泣いたでしょう。それがもう、まだ未成熟な動物の子どもが親にはぐれて泣いているみたいな泣き方です。天才なのに少年。あれにはぐっときました（笑）。

一夜をともにするとしたら誰がいいですか？

小川　今度は私から平松さんに質問です。一晩だけその人と過ごせる。別に何をしてもいいんですよ、その人と。
平松　全世界から選べるわけですか。
小川　ええ。**全世界から選んでください**。架空の人物でも実在の人でも。
平松　贅沢きわまりない（笑）。そして夜なんですよね。
小川　夜です。
平松　**だったら光源氏《ひかるげんじ》**。
小川　なるほど。『源氏物語《げんじものがたり》』の世界へ。
平松　あの時代に行ってみたいというのもあるし、一夜というからには、やはり五感を総動員して、それこそ動物になって、どんなふうに全身全霊で相手と交歓しあえるか、これはもう壮大なロマン（笑）。
小川　御簾《みす》の向こうでね。
平松　焚《た》きしめた香のかおり。衣擦《きぬず》れの音。闇のなかの言葉……。

小川　いいですね。月夜でね。

平松　小川さんは？

小川　**チャールズ皇太子です。**

平松　!!　**それはまたどうして。**

小川　子どもの頃憧れたお城の暮らしをのぞいてみたいんです。それから、なぜダイアナではなくカミラなのか、尋ねてみたいんです。

今までで一番高い買い物って？

平松　普通に答えると「家」ですよね。

小川　ちょっとつまらないですね。

平松　高くついた買い物ということで言えば、**スポーツクラブの月謝**かな。毎月、今月こそ行こうと思いながら、また行かずに終わって、その繰り返し。ずるずる引っ張って、諦めるまでに五年くらいかかりました。

小川　私もいろいろ失敗していますが、ウィーンで可愛い骨董のガラスの壺を買って、ホテルに帰って編集者さんに値段を言ったら、彼女がその時に買った**シャネルの上着と同じ値段**だったんです。「ええっ。こんなガラクタに、それだけお金を使ったんですか」と驚かれました。しかし、その洋服でもまた失敗を繰り返します。自分に一番適切な洋服の値段は、わかりません。だんだん年齢的に、どこへ行っても、何かが違うんです。

平松　一年ごとに似合うもの、似合わないものが違ってきますよね。あれ、なんでしょうね。すごく不思議だし、理不尽。

小川　ここさえあれば大丈夫というお店があったのに、いつからか、自分には合わなくなっている。そこへいくと、平松さんはちゃんとした美意識がおありになるから。

平松　いえいえ、最近は怠惰になってきていて、すごく反省しています。行く店はだいたい決まっているし、いいなと思ったら**色違いで三色**買ったりして。ほんとにそれでいいのか……。

小川　最もおしゃれな方がされることですね。

平松　いや、自分で自分の逃げ場をつくっているような気がして、本音を言えばおさまりがわるいんです。つい先日も娘が来て、クローゼットをチェックしていったのですが（笑）、同じ形のスカートがベージュと黒とグレーと三色あったんですね。あ、見られたくないなと思ったら、すかさず発見して「ふーん、なるほど」。女友達なら「あらあら」と笑って見逃してくれるだろうに、娘の場合はクククッと容赦のない笑いが入る。ま、笑ってもらえると気が楽になるんですけれどね。

小川　母の守りの姿勢を見逃さない。
平松　娘の指摘はつねにスルドイです。絶対勝てません。
小川　今日の白いシャツも素敵。白いシャツって難しいですよね。
平松　これも、夏の初めに二枚買いました（笑）。
小川　白を二枚買ったんですか。
平松　はい……白は汚れやすいから、と理屈をつけて。
小川　この間のフリンジつきのスカートも印象的で。
平松　……あれなんです（笑）。
小川　え。
平松　色違いで三枚買ったスカートは。
小川　まあ。
平松　お恥ずかしい。私の秘密だったのに。
小川　素敵でしたよ。

あまり好ましくはないことだけれど、やめられないことはありますか？

小川　あります、あります。誰かのどうでもいいブログを読むこと。どこの誰とも知れない人が、晩御飯に何食べたとかね。そんなこと読んで何になるんだろうと思いながら、ついつい。

平松　小川さん、たしか『婦人公論』もお好きなんですよね。

小川　はい。『婦人公論』大好きです。読者の体験記。人の裏側のどろどろしたところを見ると、人間って一生懸命生きているな、かわいいなと思います。

平松　それと共通しますよね。ブログはいつも同じ人のを読んでるんですか。

小川　どうしても追いかけることになっちゃうんですね。この人はどうなったかなって、小説を書き始める前に、押してはいけないブックマークをついクリックしてしまう。本当は一刻も早く小説を書き始めなきゃいけないのに、何の役にも立たないものを見て、なんとなくグズグズして、でもしょうがないなと、ようやく書きかけの小説を開く。

平松　禁断のブログチェック（笑）。時間にしてどのくらい読むと気がすみますか。

小川　やっぱり三十分くらいうろうろしていると、そろそろこれはさすがにマズイな、となります。そうして小説を書いて行き詰まってくると、またその**押してはいけないところへ**行きそうになる手をこう、押しとどめて……。

平松　可笑しい（笑）。

小川　平松さんは何ですか。好ましくはないけど、やめられないことって。

平松　私はですね、お昼ごはん時とか夕飯時に道を歩いてると、ごはんをつくっている匂いがこう、ふわーっと……。

小川　ありますね、換気扇から。

平松　漂ってくるじゃないですか。そうすると思わず立ち止まって「**これ……筑前煮《ちくぜんに》かな**」とか（笑）。不審人物に見えないようにするんですが、足どりは極端にゆーっくりと（笑）。

小川　余計怪しいですよ（笑）。想像しちゃうんですね、メニューを。

平松　そう。推察する愉《たの》しみ。とくにアパートは物語性があって、夏なんか窓を開け放しているから、部屋の中が見えてしまう。おじいさんがひとりで晩酌してたり、すりガラスの向こうにテレビがチカチカ光って見えると、**脳内で物語が始まる**。すぐ隣の部屋は、いつもカーテンが閉まっていたはずなのに、あれ、今日は開いてるなあ、とか。

小川　一緒ですよね、ブログと。赤の他人の生活をのぞくという意味では。

平松　そうですね。あと洗濯物とかも気になって。

小川　エッセイでありましたね。パンツか何かをいつも堂々と干しているおうちがある……。

平松　どういう人が住んでいるか顔も知らないのに、その人のパンツはよく知っているという不条理（笑）。私の妄想のひとつは、**干しっぱなしの洗濯物を畳む、という迷惑な親切**。洗濯物を盗むというのはときどき聞きますが、そうじゃなくて……。

小川　畳んであげる。被害はないけど、それは怖い（笑）。

平松　怖いでしょう（笑）。自分でも妄想すると怖いなあと思う。特に夜に外に干したままの洗濯物を見ると、一枚一枚きれいに畳んで玄関のところに置いてあったらどうだろう、ってあらぬ誘惑に駆られてしまって。

小川　自分の洗濯物よりもきれいに畳む。

平松　もちろん。

小川　**角をきっちりあわせて**。

平松　**ビシッと律儀に積み上げて**。

小川　物干しからとっているところで捕まったら大変ですよ。泥棒だと思われます。いやこれから畳むところですと言っても、誰も信じてくれない。
平松　だんだん飽き足らなくなって、きれいな風呂敷《ふろしき》で包んで、玄関のところにプレゼントみたいに置いておいたらどうだろうとか（笑）。
小川　百パーセント怪しい（笑）。

男の色気って、どんなところに感じますか？

小川　掛布はドラフトの下位で入団して、そこから偶然のチャンスをものにして、めきめきとスターになっていったんです。**千葉から出てきたダサい男の子がどんどん成長して、ついにオールスターに選ばれる。ベンチの隅で恥ずかしそうに座ってる**、というのがね、くすぐられちゃうわけです。しかも左バッターの方が有利だからと無理に矯正したがために、選手生命を縮めることになる……って、私ばかり熱く語っていますけど、どうぞ殿山泰司について熱く語ってください。
平松　そもそも、おれかっこいいだろうという様子がすごく苦手だったんですよ。でも、殿山泰司についてはそういう自意識をまったく感じなくて、なんだかもう**童子のような、少年のような佇まい**で。
小川　年齢不詳ですし、人間かどうかもちょっとよくわからないみたいな、なんとも不

平松　思議な存在感でした。文章も残していますよね。

小川　不思議な才人なんです。泰ちゃんと言えばミステリーとジャズ。

平松　泰ちゃん（笑）。

小川　泰ちゃんには本宅の鎌倉の人と別宅の赤坂の人がいて。

平松　もてるんだ。

小川　もてもてです。で、泰ちゃんは決められないんですよ。それでジーンズの後ろポケットにミステリーを入れて、ぶらっと酒場に寄りつつ、本宅を出る時には「ちょっと赤坂へ」と言って。

平松　正直に言って出るんですね。

小川　どっちつかずで決められない。そういうじつに困った色気があって。

平松　そういうところに色気を感じる思春期の女の子なんて、日本中で平松さんだけですよ。

小川　いやいや。隠れ殿山泰司ファンはいたはず。大学生のときはダーク・ボガードがすごく好きだったんです。『愛の嵐』とか、何か陰鬱《いんうつ》な感じがして。いわゆる美形には見事に興味がないですね。

平松　それはもう、殿山泰司で十分にわかっています（笑）。男の色気ということで言えば、ネクタイをゆるめるというのもいいですね。徹夜仕事か何かして、あの疲れた感じがいいんでしょうね。

平松　ワイシャツの袖《そで》をまくるとか。

小川　**制服だと三割増し。**

平松　工事現場とか？

小川　猟師さんみたいな肉体ひとつで生きている人。あるいは将棋の棋士のように頭脳ひとつで生きている人。名人戦とか見ていると、すごい一手を指す時、髪をかきむしったりして、人差し指なんてもう、震えているんですよ。アドレナリンがそこに出ている感じです。

平松　あとは人たらし系の人の艶というのも。

小川　河合隼雄先生も、タクシーに乗るとみんなに人生相談されたとか。当然、初対面だし、向きあってもいないのに、なぜか運転手さんが語り出す。カウンセラーに必要な才能なんでしょうね。

平松　今でも忘れられないのが、新幹線で東京駅に着いたときに、すこし前の座席に広《ひろ》岡達朗《おかたつろう》監督がいらして、それがあの方だとわかる前に、**ふっと立った瞬間に尋常ならざる色気が**匂い立って。なにかに共通する色気だなと考えたら、それこそ任《にん》侠《きょう》の親分に近いような感じの。

小川　なるほどね。

平松　あ。**親分と言っても、角帯で長ドスが脇に入ってるみたいな。**足元は雪駄《せった》。

小川　想像しすぎです（笑）。

平松　そのくらい色っぽかった。実際はオーバーを着てらして、誰だろうと思ったら広岡監督でした。皆さんに慕われたかただから、おのずと任侠の親分につながったのでしょうねえ。

小川　監督になるような人は、やっぱりそうじゃないといけないんでしょうね。ボスとしてリーダーシップがとれて、何かあった時に、この人についていけば安心と思えるような人。そういうものを持っている人っていますよね。

平松　でも普通に新幹線で席を立っただけですよ。これが男の色気というものかと。**ふらふら～とあとをついていきたかったです、**ハーメルンの笛吹きの話みたいに。

日々の習慣と言えるものはありますか？

平松　私は朝早く起きて歩く、一時間二十分くらいかな。コースが決まっていて、**ちょうど一万歩**です。

小川　それはどのくらい続けていらっしゃるんですか。

平松　八年くらいですね。代謝が変わってきたなというのを実感して、これは何とかしなくちゃいけないと。それで水泳をやってたんですけど、水泳だと今まで一キロ泳いでたのが、一キロじゃ体が温まらなくなってしまって、もっと泳ぐようにしたら、今度はヘトヘトになって一日何もできなくなっちゃった。水泳が合わなくなっているんだなと思って、今度は走ってみたんですが、走り方が下手らしくて膝の関節を痛めてしまって。それで歩くことにしました。ジョギングに近い速度です。

小川　スロージョギングくらいの早歩き。

平松　そうです。

小川　一番体にいいみたいですね。

平松　自分に合っているようです。

小川　私は一応走っているんですけれども、ほとんど早歩き程度です。いつも同じコースを四十五分か五十分くらい走っています。

平松　いつからですか。

小川　犬が死んでからなので、三年くらいです。犬がいなくなって、ひとりでぶらぶら歩くのも手持ち無沙汰《ぶさた》なので、走るように。東京に来て泊まる時は皇居の周りを走ります。フラットなので走りやすいです。ただ、一定間隔で交番があるので、お巡りさんが、「大丈夫かな。あのおばさん」みたいな、ものすごく心配そうな顔つきでのぞきこんでくるんです。おそらく、自分では一生懸命さっそうと走っているつもりでも、**見た目はよろよろ**しているんじゃないかと思います。
平松　いずれマラソンに出ようとか、タイムを縮めようとか、なにか目標のようなものはありますか。
小川　そういう目標は一切ないです。自分の体力のためだけですね。

結婚生活の極意って何だと思いますか？

平松　**あまり干渉しあわないこと**ですかね。
小川　**あ、それに尽きます**ね。
平松　うちは、ぷらっと散歩にいくときも行き先をとくに訊かないし、貯金通帳とか見たこともないし、もちろん額面も知らないし。お互い気が楽です。それがいいかどうかは別として。
小川　いや、それが一番です。
平松　携帯電話をチェックするなんて想像もつかない。
小川　想像以上にいますよね、見る人って。みんな、愛しているんですね。でも見ない方が平和です。

平松　人間、知らなくていいことってたくさんあると思います。そもそも、人ひとりを全部知るなんてあり得ないこと。

小川　好きで好きで、もし浮気されたらどうしようなんて時期は、あっという間に過ぎますから。

平松　そこから先は、お互いに知らないところ、知りたくないところ、そういう緩いところを確保して立ち入らない。結局、疲れないのが一番いいです。

小川　わかりやすく積み上げてゆく努力ではなく、むしろ脱力していくことなので、かなり高等テクニックかも知れませんね。

平松　よけいな緊張感を避けて脱力していく。上手に水に「流す」とも言えるかな。

小川　**流して、流して、次に行く。**

自分に許している贅沢って何ですか？

平松　とりあえず**本は値段を見ない**で買います。

小川　そうですね。本は高くても全然惜しいとは思わない。

平松　ドアノーの『芸術家たちの肖像』とか一万円近くしたと思うんですけど、それでも買う。

小川　ちょっと我慢はできないですよね、本はね。

平松　自分で買ったんじゃないですけど、あるお仕事で美容クリームをいただいて「二万円以上するらしいですよ」と聞いて、「そうなんですか。使う時手が震えそうです」と言ったら、下さった方がすかさず「指が震えるからタッピング効果があります」って。

小川　そんなに震えるほど緊張してつけなくちゃいけない（笑）。

平松　その言葉を聞いて以来、そのクリームを使う時は、こうやって震えてる、震えてるってタッピングしながら（笑）。

小川　いいですね。私の**とっておきの贅沢は和菓子**です。食後に必ず甘いものを食べるので。

平松　生菓子ですか。

小川　いろいろです。夏は水ようかんで、秋は栗ようかん。これは惜しげもなく買います。一番好きなのは「空也《くうや》」のもなかです。

平松　わあ、シブいですね。私も大好きです。

小川　あの皮自体、風味があるんですね。

平松　さくっとしていて、歯にくっつかないところもさすが。究極のもなかですよね。食べ物でいうと、そうですね……週に一、二回、美味しいステーキを食べます。

小川　**肉の日があるんですね。**

平松　味付けは、塩だけ。牛肉を室温に戻しておいて、焼く直前に塩をぱっとまぶして、ミディアムレアに焼きます。ちょっとだけレモンを添えて、一切れずつ味を変えながら食べるのですが、自分に許している贅沢です。やっぱり、しっかり噛《か》んでお肉を味わうと元気がでます。

小川　部位はどこがお好きですか。

平松　ランプですね。あのジューシーさと噛みごたえ、甘みとうまみのバランスが好きです。

小川　そうですか。今度やってみます。

平松　ぜひ。私が信頼している心臓外科医のかたが「僕は、大きな心臓の手術をして退院していく患者さんに必ず、百グラムでいいから、ときどき赤身の肉を食べてくださいって言うんですよ」とおっしゃっていました。回復の様子がまったく違うんだそうです。食べこなす体力もふくめ、すぐ血肉になる。だから百グラムか百五十グラム、週二回食べてくださいと指導すると伺って、それ以来参考にするようになりました。

今食べてもおいしいかどうかわからない、青春の味って？

平松　**レモンスカッシュやクリームソーダ**は記憶で飲んでいる感じがします。十代の、コーヒーの味なんてまだわからないけれど、でもオレンジジュースはもう卒業したい、と。その狭間《はざま》の、宙ぶらりんのところにある味。大学一年のとき、荒井由実《あらいゆみ》のアルバム『MISSLIM《ミスリム》』を、針がすり切れるほど聴いていました。ソーダ水の中を貨物船がとおる、「海を見ていた午後」。

小川　私は**納豆トースト**ですね。学生時代、お金がなかったんです。ご飯を炊く手間も面倒で、よくトーストに納豆をのっけて食べていました。岡山の人間はあまり納豆って食べないですよね。

平松　ええ。実家にいた頃は、納豆は食べたことがありませんでした。学生時代に定食屋さんで初めて食べたのですが、でも、最初からなんの抵抗もなかった。あっという間に好きになりましたね。

小川　私も東京に来てからです。私にとっては貧乏時代の象徴みたいな食べ物ですが、案外、美味しく食べた記憶があります。

最近、手放したものは何ですか？

平松　何にしようかな。手放したいなと思っているものでもいいですか。手放し途中なのが、**義務感**。

小川　義務感？

平松　「しなくちゃいけない」「ねばならない」と思って何かをすること。もうそろそろ、そういうものから解放されたいなと思って。自分に課してきたものを少しずつ減らして、ちょっと軽くなってもいいかなって。

小川　私が手放したのは**「ビリーズブートキャンプ」のゴムのチューブ**です。あれがぼろぼろに劣化して、使えば使うほど手が真っ黒になってしまって。これはどうしようもないなと思って、ついに捨てました。

平松　へえ、小川さん、入隊してたんですね。

小川　かなり長く入隊していました。ブームが去った後も、もったいないと思ってやっていたんですけどね。

平松　私もそれで思い出した。**ハイヒールは二足を除いて全部**手放しました。靴裏が赤いピンヒールのパンプスとか、すごくきれいなんですが、華奢《きゃしゃ》な細いヒールが何か合わなくなってきて。でも靴としては美しいし、と思ってずっと大事にしまっていたんです。でも、結局は何年も履いていないまま。思い切って、処分しました。以来、ヒールの低い靴やスニーカーで一駅くらい平気で歩くようになりました。

小川　確かにハイヒール履いちゃうとその日は歩けないですね。

平松　指も痛くなってしまって。今思えば、ハイヒールは義務感の具体例だったかもしれません。女の義務感のようなものをひとつ手放したら、ちょっと楽になったかな。

心が折れそうになった時、どうしていますか？

平松　これは、私は寝る。寝たら、次の日は絶対来るから。

小川　そうですね。寝るに勝ることはないですね。

平松　**お風呂に入って、寝るのが一番。**

小川　動物も、具合が悪くなると必ずじーっとしていますよね。無駄なことはしない。

平松　それこそ丸まって、夜八時くらいから寝ちゃうとかね。どうにか寝てしまえば何とかなる。

小川　私も寝ます。でもその前に神棚の前に座る。これはもう、子どもの頃からの習慣みたいなものですね。通知表でも、いただきものの果物でも、お父さんの給料袋でも、まず神棚に供える。ですから**厄介ごともそこにお供え**しちゃう。お届けするって感じですかね、神様に。

初出誌「すばる」
第一章　少女時代の本棚
　　2013年6月号（「少女時代の本を読む喜び」改題）
第二章　少女から大人になる
　　2014年4月号（「少女から大人になるとき」改題）
他の章はすべて語りおろしです。

本書は、二〇一五年一月、集英社より刊行されました。

本文デザイン　名久井直子
写真　久家靖秀
構成　瀧　晴巳
　　　山本圭子（第一章対談部分）

註——写真の書籍と幼少時の写真は著者所有のものです。

JASRAC　出　1711169-302

集英社文庫

洋子《ようこ》さんの本棚《ほんだな》

2017年10月25日　第1刷
2023年3月13日　第2刷
定価はカバーに表示してあります。

著　者　小川洋子《おがわようこ》
平松洋子《ひらまつようこ》

発行者　樋口尚也

発行所　株式会社　集英社
東京都千代田区一ツ橋2-5-10　〒101-8050
電話　【編集部】03-3230-6095
【読者係】03-3230-6080
【販売部】03-3230-6393（書店専用）

印　刷　大日本印刷株式会社

製　本　大日本印刷株式会社

フォーマットデザイン　アリヤマデザインストア　　マークデザイン　居山浩二

ISBN978-4-08-745650-9 C0195